幼教叢書

親職教育實務
——家庭、學校與社區關係

Parenting: Family, School and Community Relations

郭靜晃◎著

U0066831

序

　　台灣社會隨著時代變遷，從傳統農業社會、工商社會到工商服務社會，除了工商結構的變化、家庭結構縮小、婦女出外就業、離婚率增加，造成現代父母除了工作之外，還是拚經濟，親子活動的時間因此減少，造成現代家庭重質不重量的親子關係，甚至犧牲親子互動機會，完全委託提供監督功課及照顧的機構，例如幼兒園、課後托育服務中心等，甚至於課後閒餘將時間交給電子媒體來代為陪伴。過去1990年代之前，孩子的行為表現研究常著重於親子互動，但自1990年代之後，研究重點則著重於照顧者（老師或托育服務提供者）與孩子之互動關係。

　　孩子社會化的最早機構是家庭，父母是孩子人生的第一位導師，如何幫助父母與孩子有良好的互動，並將第二順位的孩子社會化代理機構——學校及社區，縝密結合形成社區的鐵三角，並形成家庭的支援系統，創造孩子的福祉（well-being）。孩子的健全成長是需要全體之力，良好的親師關係，可提高孩子的學習成效，減少行為問題。親師合作除了學校有心，更需要家庭的合作、父母的參與以及全體社會的協助，才能發揮最大功效。

　　美國自21世紀開始，在教育運動中全力結合家庭、學校及社區力量來改善教育，也就是要求學校應盡力倡導及建立與家庭的合作關係，並力促家庭對學校教育的積極參與（U. S. Department of Education），以及美國前總統柯林頓夫人希拉蕊也著有《同村協力》（*It Takes A Village*）（1996），特別強調家庭和社區參與教育工作的必要性。

　　當父母不再是孩子唯一的社會化的角色，社會上全體人員必然地

應該為所有兒童的安全與成長負責。學校也因此成為兒童與家庭及社會的中介場所。因為學校遂成為以家庭為本位（family-based）的社會服務機構，提供支持性（如親職教育）及補充性（如托育及課後照顧服務）的福利服務，就因此顯得有其重要性及迫切性。

學校也居於社區之中，更是家庭的居間系統，社區若能獲得學校教育的協助，社區的發展、社區居民的需求滿足及生活品質的提升將能有效的達成。社區更是家庭及學校的社會資源，社區與學校相互配合，使教育系統與社區人文環境相結合，將可營造出活潑而有活力的學習環境，發揮教育最大的功能，更能預防社區兒童少年問題的產生。

本書強調家庭是學校教育中的夥伴關係，並從台灣歷史脈絡下的家庭、學校及社區的演變，強調家庭、學校及社區之功能，親師合作的好處、阻礙，期待修習親職教育的學生或實務工作者能探究親師合作，以幫助社會機構來支持家庭，以促進孩子的最佳發展。

全書計有九章，分別為第一章〈家庭的變遷與功能〉，第二章〈親職角色與效能〉，第三章〈親師的合作關係〉，第四章〈親師合作實施策略〉，第五章〈親職教育之實施方式〉，第六章〈學校的變遷與效能〉，第七章〈親職教育社區的資源運用與行銷〉，第八章〈家庭、學校與社區合作之阻礙〉，第九章〈幼兒園父母參與之實例分享〉。本書的順利付梓要感謝揚智文化葉總經理的鞭策，編輯的校稿。願將此書獻給以孩子發展為志向的專業工作者，力促親師合作、幫助父母成為有效能的父母，更提升高品質的親子互動，以造兒童之福祉。

郭靜晃 謹識

2015年 華崗

目　錄

Chapter 1

家庭的變遷與功能

- 家庭的定義
- 台灣社會變遷下家庭功能的轉變
- 台灣的婚姻與家庭狀況
- 台灣婚姻與家庭的整體圖貌
- 社會變遷與台灣家庭困境

第一節　家庭的定義

家庭之定義為何？從英文family的字義中，係指Father And Mother I Love You，也就是家庭中要有爸爸、媽媽，還有愛他們的子女。這是傳統典型的小家庭或核心家庭的概念。從社會學的觀點，將家庭定義為兩個或兩個以上的人，因為婚姻、血統或法律的收（領）養的關係所構成的一個團體，也就是共同居住在一起的親族團體。因此，家庭的重要概念是共同血源、婚姻或合法收養等關係，所組成的重要且持久性的社會團體。

一、家庭的變遷

無人知道家庭是何時產生的，在最早的黑暗時代（Dark Times）並沒有家庭存在。人類學家認為家庭應始於史前時代（距今約十萬至二百萬年以前），家庭並不是由人類（humans），而是由真人（hominid ancestors）所創立的。當時真人是由猿人演化而來，從樹上移居到平原聚居生活，腦容量增加，腦的演化加上脊椎直立以及手腳功能的演化，已可以用手抓、撕裂，甚至瞭解用火、狩獵，更因合作的需求而組成社區（community），並發展語言及符號用以傳達訊息。當時狩獵需要很大的疆域，遂發展男人出外狩獵並帶肉食回家（take bacon home），女人留守聚集營區來照顧子女及料理食物，從而開始分化男女角色，以形成「男主外」（bread-winner）「女主內」（household）（黃明發，2013）。

家庭之性愛關係是由人類祖先之一的靈長類（primates）開始，雄性要等雌性在發春期（in heat）才會有交配的行為。而真人的女性則已演化到隨時都可以交配，因此演化也讓雄性更穩固原有雌性繁衍後代的關係而形成家庭。當人類可依自發性需求及控制，則有擇偶

（mating or pairing）發生，擇時、擇地做愛以達成繁衍後代之功能。所以，最初的個人喜好是一個重要的考慮因素，然後才是男女關係的持久，也是人類愛的開始。

在史前時代，眞人祖先聚洞穴而居，許多男性與女性住在一起，又因生理因素造成做愛的可能性，在洞穴而居的生活裡會遭受許多成員的妒忌而引起爭吵的行爲，所以漸漸地就形成在同一家庭或社區禁止家庭成員有親密性行爲的產生，逐漸形成近親禁忌（incest taboo）的規定。

《禮記・禮運》曰：「飲食男女，人之大欲存焉。」孔子曰：「食色性也。」可見在中國人傳統心目中，「食」爲人類的生活問題，求自我的生存並反映物質文化的經濟制度；而「色」爲婚姻的問題，求種族的生存，並產生婚姻現象、家庭組織，進而發展出家庭制度（阮昌銳，1994：142-143）。爲了維持此種重要的制度，我國的婚姻習俗幾千年來也演變爲一種保守且深具特色的傳統，例如婚姻是父母之命、媒妁之言；男女不得鑽穴相窺，踰牆而從，違背社會規律，強調貞節，女性必須「從一而終」；婚姻是爲傳宗接代，男女分工；明確的性關係，性除了夫妻之外不得踰越（阮昌銳，1994：144）。所以說來，傳統的中國社會是以「夫妻爲綱」、「夫者天也」、「事夫如事天」之男尊女卑的價值取向，以「男主外，女主內」的家庭生活分工的兩性角色。

二、家庭的功能

西方價值東漸，加上經濟及社會產業結構的變遷，也使得環繞在此生態環境的家庭制度受到挑戰，因而也有所改變，例如大家庭制度改變爲核心家庭、單方家庭，婦女出外就業及離婚率上升衍生的雙生涯家庭或單親家庭；工業化造成家庭成員互動時間縮短，致使親密感下降及親職功能改變，諸此種種改變，也使夫妻之間的兩性角色產生

了變化。面對這些變化，個人與家庭如未有良好的適應功能，並積極維護家庭功能，那麼家庭及社會必然會衍生出許多社會問題（Ambert, 1994: 529）。

家庭之所以形成人類最基本及最早的社會制度，有其存在的必要理由及功能，而個人的生存、種族的繁衍、國家的建立與社會的秩序，莫不以家庭為依據。中國早期的史書如《中庸》第十二章「君子之道，造端乎夫婦；及其至也，察乎天地」、《大學》之「格物、致知、誠意、正心、修身、齊家、治國、平天下」，皆指出夫妻關係及家庭之重要性。

家庭的功能有七：生養育的功能、照顧保護的功能、教育的功能、情感與愛的功能、娛樂的功能、宗教信仰的功能及經濟的功能（黃堅厚，1996），茲分述如下：

(一)生養育的功能

家庭主要的功能在透過婚姻關係，傳宗接代，綿延香火，故家庭除了重視優生保健以提升下一代的品質，並要瞭解子女在不同階段的生理、心理需求與發展，提供安全、溫暖及適齡、適性的成長環境與教養方法，以協助子女健全的成長與發展。

(二)照顧保護的功能

父母的責任是在子女成長的過程中，給予合理（不放縱）的保護，使孩子免於恐懼與傷害，並時時給予關懷、支持及指導，以確保孩子的安全，提升其獨立性、適應能力及問題解決能力，以朝向獨立自主的成人作準備。然而現代家庭因社會變遷造成傳統照顧兒童的功能式微，所以家庭之外的正式與非正式社會支持體系應運而生。

(三)教育的功能

家庭是孩子得到社會化的第一個機構，也是待最久的機構，家庭尤其是孩子人格、行為塑化學習所經驗的早期場合。隨著子女的年齡成長，父母除了照顧、養護子女之外，也應對子女的道德、行為、價值觀及心智發展負起責任，透過過濾、協助、示範、規範、講解、引導與鼓勵之下，逐漸社會化成為能適應社會的獨立個體，故家庭促使孩子從「生物個體」轉化成為「社會個體」。

兒童透過與家人一起生活、遊戲、工作，達到性別角色的認同與學習，行為由他律而自律，進而形成個人之道德、價值觀及良知的形塑，以及社會能力與技巧的習得；同時，家庭也具有獨特的文化及精神價值，所以家庭能形塑人，也可以傷害人。

現代家庭以核心家庭為主，由於社會變遷，造成少子化、隔代家庭、單親家庭或外籍配偶家庭；此外，教養子女的功能也由其他專業化之機構所取代，如托兒所、幼稚園或托育中心，甚至是電視及電腦所取代。

(四)情感與愛的功能

家庭是個人情感的避風港，家庭給人安全及歸屬感，同時也是提供愛與溫暖的場所，尤其在工業社會人際關係愈來愈冷漠，彼此間競爭激烈，疏離的社會更需要伴侶的分享及親子關係的情感交流。

家庭透過婚姻關係提供夫妻之間的親密關係，也是個人尋求情緒的滿足與支持之所在，但家庭也是最容易傷害人的場所，例如家庭暴力。因此，父母應對子女傳輸愛的訊息，給予孩子合理之期望，讓孩子擁有外在衝突及挫折後的庇護，同時也傳輸如何以親密及正向情緒對待別人，以發揮家庭最重要的功能。

(五)娛樂的功能

　　傳統社會所有的活動均發生在家庭之中，娛樂休閒活動也不例外，如拜拜、過年、節慶等；在現代的社會，此種功能漸漸為家庭之外的休閒娛樂行業所取代，如主題公園、電影院、KTV等。雖然如此，家中也隨著科技的進步，各種設置於家中的娛樂設備也較以往充足，如電視、VCD／DVD錄影機、電腦等，也促使個人在家中娛樂。在充滿壓力、緊張、時間緊縮的時代中，家庭休閒娛樂不可或缺，它可提供在共同時間中，有共同興趣、共同目標，從事共同的活動，透過互助、溝通來凝聚家庭成員，形塑共同價值，也可以增加彼此瞭解及傳輸關愛與親密感。

(六)宗教信仰的功能

　　宗教信仰是家庭中共同價值及人生觀的表徵，同時也是一種家庭的凝聚力量，表達對天、地、人、事物的看法，它亦是凝聚家庭成員表達愛、分享、體恤別人或遵循社會規範的具體行為。傳統的中國社會重家庭，祭祀祖先，擴展家庭各種宗親、社會組織以確保家庭及社會之威權結構，及維繫家庭與社會的組織行為（謝高橋，1994）。

　　現代社會的宗教信仰趨向多元化、個人化，因此家庭宗教信仰功能日漸式微，甚至已消失此種功能。

(七)經濟的功能

　　往昔在農業社會時代，家庭是兼具生產與消費的場合，因而家庭是一個自給自足的經濟組織。工業化之後，社會愈加分工，家庭的生產工作逐漸由另外的生產單位（如工廠、公司）所取代，但家庭仍在消費單位中扮演著主要的經濟功能（蘇雪玉等，1998）。現代家庭也愈趨向雙工作及雙生涯的家庭，造成許多家務工作可能要找人幫忙，即使是專職的母職角色，不出去工作也要處理家務工作，雖然不給

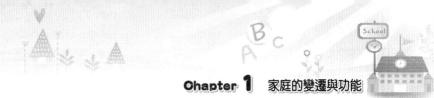

薪,但其仍是有經濟效益的活動,這也是「家務有給制」的觀念,只是家庭的經濟活動未如往昔農業社會那般明顯。

家庭的經濟功能是家庭成員相互之間的經濟活動,透過互助、互持以保障家庭人員的生活。現代社會透過賦稅、保險,除了家庭的經濟自給自足之外,其餘可以配合社會的支持與福利,來維持個人的生活;因此,家庭不再是個獨立自給自足的經濟單位,必須要配合社會的支持。

第二節　台灣社會變遷下家庭功能的轉變

前美國總統夫人希拉蕊曾說:「就像時下許多家庭一樣,今日的美國父母只要一提到撫育孩子的問題,沒有一個人不是憂心忡忡的。」(天下編輯,2000)不僅是美國父母有這樣的心聲,這同樣也是台灣現代父母心情的最佳寫照。由於人口結構的改變、家庭型態的重組、女性意識的抬頭以及病態行為的增加,均致使家庭功能在社會變遷中面臨更大的衝擊與挑戰,家庭亦逐漸成為千禧年以後的公共政治議題。

晚近,台灣更在婚姻市場開放與兩岸三地頻繁的互動中,連帶影響家庭結構的改變,如外籍新娘、兩岸夫妻、瑪麗亞之子等現象均衝擊到賴以生存的子女,家庭對兒童的照顧功能逐漸式微,諸如單親兒童、鑰匙兒童與受虐兒童等議題,均已成為當今新興的「社會事實」而引起大眾的關注。郭靜晃(2001b)便指出:隨著社會變遷,台灣家庭組織結構的多樣化反而造成家庭功能式微,甚至無法承擔子女保護與照顧之職責,而兒童照顧品質不夠,必然會造成日後的少年問題,甚至潛藏日後的社會危機。以下將逐一討論社會變遷下台灣家庭在功能的變化。

一、職業婦女增加，子女照顧責任轉移

由於社會結構的變遷，現代婦女必須扮演多重的角色，但在角色間壓力與角色內衝突之下，婦女極易產生兩難的失調現象。美國在1990年代約有60%之女性勞工進入就業市場，台灣比率約在54.1%上下，已婚女性目前有工作之比率為49.7%（內政部統計處，2001），特別是家中育有年幼子女之婦女，上班工作比例也很高。一般而言，東方傳統社會中，母親仍是親職中的要角，因此婦女投入職場後，家庭功能式微，子女照顧責任的轉移產生了很多怪象，諸如鑰匙兒童、網咖安親班、隔代教養、瑪麗亞之子等，均是當代台灣親職教育的新議題。

二、分居家庭與台商家庭之單親事實所造成的教養困擾

Bumpass（1984）曾預估在20世紀末將有一半以上的未成年人將生活在單親家庭中。今日的美國已有超過1/4的家庭為單親，甚至有1/10以上的青少年是未婚媽媽，而台灣自1990年以來，有偶離婚率遽增加七成，已是亞洲之冠，且總家庭戶中約有5%是單親家庭，雖然台灣單親家庭比例較歐美為低，但是值得擔憂的是它的成長型態正逐漸步入西方社會的後塵：有越來越多的單親家庭源自於離婚與未婚生子，且居住型態也呈現多樣化面貌。在薛承泰（2001）的報告中，分居單親在1998年的單親家庭類型比例中高達17%，甚至高出未婚許多。其原因除了傳統「勸和不勸離」和「為子女犧牲」下的怨偶之外，兩岸三地頻繁互動之後所造成的台商家庭，也造成許多假性單親家庭。無論是名存實亡的分居準單親家庭，以及兩岸三地的假性單親家庭，時空因素均間接影響夫妻相處與親子互動品質，在我國傳統價值約束下亦會衍生不同的適應問題，值得關注。

三、外籍新娘家庭衍生另類子女照顧危機

　　90年代以來，地球村概念讓全球人口流動蔚為風潮，隨著台灣經濟的起飛與婚姻市場的重分布，外籍新娘與大陸新娘也成為這股人口遷徙之下的副產物。自1994年到2000年間，泰緬新娘即有10,028人、印尼新娘20,425人、菲律賓新娘8,787人、越南新娘39,419人，而大陸新娘則已超過13萬人（韓嘉玲，2003）。由於這些「新台灣媳婦」大多扮演料理家務與傳宗接代的角色任務，因此生育率大多高於一般家庭，但她們大多來自中、低社經家庭，加上語言的隔閡，常有社會疏離的現象，加上缺乏教養子女新知，因此常因缺乏刺激造成子女發展上的延遲，衍生另類子女照顧的危機。

四、少子化現象突顯出生獨生子女的適應問題

　　根據內政部台閩地區在1993～2003年的育齡婦女生育率統計顯示，從民國82年總生育率為1.76至民國92年的1.24，發現台灣在1993～2003年這十年來生育率逐年降低的趨勢。雖然子女數的降低可以減輕家庭經濟負擔，提升家庭生活品質，但是獨生子女所衍生出來的社會適應與家庭教養問題，甚至肩負將來老年化社會的責任，都是當代重要的家庭議題。

五、混合家庭社會支持網絡的利弊得失

　　台灣家庭類型中，混合家庭的比例日漸升高，以內政部民國90年台閩地區兒童生活狀況調查報告為例，三代同堂家庭與混合家庭的比例達40％，較九年前增加了5.4％，反之，核心家庭占52％，較九年前減少7％。由於家庭居住型態的改變勢將影響家庭功能的發揮，混合家庭的高密度社會支持網絡雖然提供子女生活照顧上很大的助力，但是

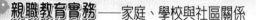

人多口雜的家庭組織往往也容易產生子女教養上的衝突，因此利弊得失需進一步審慎評估。

六、社會病態因素讓家庭面臨更多挑戰

由於藥物濫用、性行為開放與家庭暴力等問題使社會產生一些不健康或病態因素，間接帶給現代父母親在教養子女時更多的困境與壓力。例如1995年福爾摩沙文教基金會所作的「台灣婦女動向調查」中即發現，有17.8%婦女承遭丈夫毆打；此外，張明正（1999）亦指出，我國15～19歲未成年生育率已超出日本四倍，為全亞洲之冠；更遑論當下層出不窮的兒童疏忽與虐待案件震驚社會。種種社會變態因素均使家庭面臨重大危機，讓父母在教養子女時，孤立無緣無所適從。

🏠 第三節　台灣的婚姻與家庭狀況

一、台灣的婚姻狀況

依內政部戶政司的統計資料（2013）顯示，台灣2006～2011年間，15歲以上婚姻分配比率未婚大約占34%，有偶約占51～53%，離婚比率占6～7%，而喪偶之比率約占5～6%之間（**表1-1**）。在近五年間，有偶比率約占2%，未婚比率維持相當三成五左右，而離婚比率約占1%，喪偶比率略升0.3%。以此比率推估，我國單親家庭之比率，保守估計約占13%以上。

台灣的婚姻在民國100年的結婚對數有165,305，粗結婚率有7.13‰；其中初婚人數，男生141,072，初婚率占37.85%，而女生142,819，初婚率為45.90%；再婚人數男生有24,233人，占再婚率26.65%，女生有22,486，占再婚率13.20%。相對於離婚對數有57,077對，粗離婚率為2.46‰，男生占有偶人口離婚率為1.11%，女生占有偶

人口離婚率為1.13%（**表1-2**）。

表1-1　15歲以上人口婚姻分配比率（%）

年代 \ 婚姻型態		未婚	有偶	離婚	喪偶
2006	男	37.55	54.28	5.84	2.34
	女	31.18	53.11	6.43	9.28
2007	男	34.69	53.85	6.10	2.35
	女	31.34	52.55	6.70	9.40
2008	男	31.67	53.64	6.33	2.36
	女	31.32	52.24	6.93	9.51
2009	男	38.02	53.03	6.58	2.37
	女	31.56	51.65	7.17	9.61
2010	男	38.16	52.64	6.82	2.38
	女	31.66	51.20	7.41	9.72
2011	男	38.06	52.55	7.02	2.38
	女	31.52	51.03	7.61	9.83

資料來源：內政部戶政司（2013）。

表1-2　民國100年結婚和離婚對數及結婚和離婚率（%）

結婚	結婚對數		165,305
	粗結婚率		7.13
	初婚人數	男	141,072
		女	142,819
	初婚率	男	37.85
		女	45.90
	再婚人數	男	24,233
		女	22,486
	再婚率	男	26.65
		女	13.20
離婚	離婚對數		57,077
	粗離婚率		2.46
	有偶人口離婚率	男	1.11
		女	1.13

資料來源：內政部戶政司（2013）。

二、台灣的家庭狀況

　　隨著社會變遷的腳步，台灣的家庭制度的不同面向也有著變化。家庭的組成是小家庭、大家庭、三代同堂的折衷家庭（又稱主幹家庭）等，其實正反應了社會變遷的家庭制度之影響。伊慶春（2007）利用人口資料將1995、2000、2005年間家庭結構重新認定區分為五種家庭類型，其消長參考**圖1-1**。

　　以**圖1-1**之數據來看，小家庭依舊是台灣家庭最重要的類型，由1995年的52.4%、2000年的52.3%，到2005年的55.3%略微上升。折衷家庭在十年間幾乎沒有改變，皆為三成左右（分占1995年的29.3%、2000年的30.1%及2005年的30.0%）；大家庭比例呈現穩定而緩慢的下降，由1995年的8.5%、2000年的7.3%，至2005年的5.8%。亦即在三種

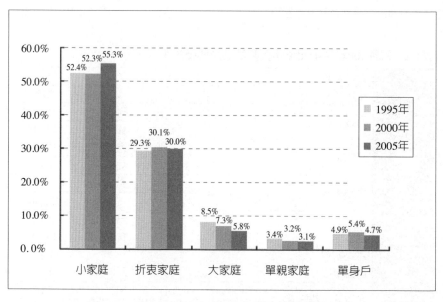

圖1-1　1995、2000、2005年台灣家庭結構之組成

資料來源：伊慶春（2007）。

典型華人家庭結構中，小家庭一直占半數以上，複式家庭（包括折衷家庭及大家庭）則從三成八降至三成六。至於單親家庭的比例，約略在3.1～3.4%之間，並未如坊間的預測般有大幅度的升高；此外，單身戶在十年間也相對穩定，由1995年的4.9%到2000年5.4%，2005年略減為4.7%。

　　圖**1-2**是1990年以來，十五年間已婚者與父母同住的趨勢，很清楚地，父系規範不言而喻。與父母同住之情形，由1990年的26.7%、1995年22.7%、2000年的18.2%，至2005年的16.1%，呈現逐漸下降的趨勢。但由分別與父系父母或母系父母同住之比例發現，與父系父母同住之比例（由1990年的80%，一路上升至1995年的82.8%，2000年的83.5%及2005年91.4%），顯現台灣的父系規範仍很明顯（伊慶春，2007）。

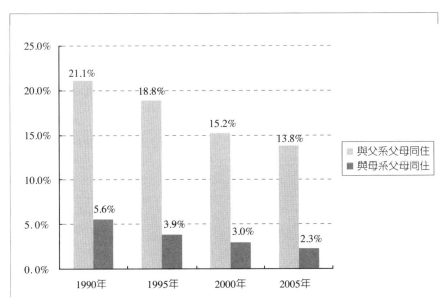

圖1-2　1990～2005年已婚者與父母同住之父、母系的比較

資料來源：伊慶春（2007）。

　　表1-3是台灣自2001～2013年的兒少人口數，少子化的現象台灣從2001～2013年，兒少人口減少一百四十萬左右，顯現台灣少子化的嚴重程度。人口出生率下降將使台灣人口到零成長至負成長，可能導致勞動力不足，扶養老人負擔過重造成社會經濟問題。

　　美國婦女在1970年代生育子女數比率為1.8人；相對地在台灣在1960年代總生育率為6人，70年代為3.71人，80年代為2.46人，但到了1997年降為1.77人，至2000年生育率為1.5人，但至2013年下降為1.065人，其中在2010年總生育率為0.895人（**表1-4**）（內政部，2013）。

　　表1-5是台灣的家庭結構變化，在1988年全部家庭戶數為4,735.2，其中單身家庭占5.98%，無小孩家庭占7.65%，單親家庭占5.76%，隔代家庭占0.83%，核心家庭占59.13%，大家庭占16.69%；2004年，全部戶數為7,083.4戶，其中單身家庭、無小孩家庭、單親家庭及隔代教養家庭皆上升一倍以上；2011年的無小孩家庭、單親家庭及隔代教養家庭也上升三成以上（**表1-5**）。

表1-3　兒少人口數

年代	0～11人口數	12～17人口數	總計
2001	3,700,255	1,962,266	5,662,521
2002	3,611,832	1,932,701	5,544,533
2003	3,517,927	1,912,023	5,429,950
2004	3,413,894	1,931,153	5,345,047
2005	3,294,247	1,948,681	5,242,928
2006	3,176,997	1,930,184	5,107,181
2007	3,058,061	1,944,062	5,002,123
2008	2,963,650	1,931,654	4,868,304
2009	2,808,328	1,936,831	4,745,159
2010	2,711,482	1,884,285	4,595,767
2011	2,628,612	1,840,738	4,469,350
2012	2,555,512	1,824,691	4,380,203
2013	2,500,859	1,757,726	4,258,385

資料來源：內政部（2013）。

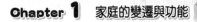

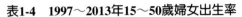

表1-4　1997～2013年15～50歲婦女出生率

年代	平均出生率（‰）	出生率（依年齡區分）（‰）							出生率（‰）
		15～19	20～24	25～29	30～34	35～39	40～44	45～49	
1997	53	15	80	147	87	22	3	0	1770
1998	43	14	66	116	73	21	3	0	1465
1999	45	13	66	126	82	21	3	0	1555
2000	48	14	72	133	90	24	3	0	1680
2001	41	13	62	106	75	21	3	0	1400
2002	39	13	57	102	73	20	3	0	1340
2003	36	11	52	92	69	20	3	0	1235
2004	34	10	49	86	68	20	3	0	1180
2005	33	8	44	79	68	21	3	0	1115
2006	33	7	41	78	71	23	3	0	1115
2007	32	6	37	76	74	24	3	0	1100
2008	31	5	32	72	73	25	3	0	1050
2009	31	4	27	69	75	27	4	0	1030
2010	27	4	23	55	65	28	4	0	895
2011	32	4	23	66	81	34	5	0	1065
2012	38	4	26	79	97	42	6	0	1270
2013	32	4	22	62	80	39	6	0	1065

資料來源：內政部（2013）。

表1-5　台灣家庭結構變遷

家庭型態	1988	2004	2011	1988～2004改變率（%）	2004～2011改變率（%）
全部家戶	4,735.2（100%）	7,083.4（100%）	7,959（100%）	49.6	12.3
單身家庭	283.3（5.98%）	704.1（9.94%）	805.8（10.1%）	148.6	14.4
無小孩家庭	362.3（7.65%）	1,003.7（14.17%）	1,357（17.0%）	177.1	35.1
單親家庭	273（5.76%）	548（7.73%）	741（9.31%）	100.7	35.2
隔代教養家庭	39.5（0.83%）	81.8（1.15%）	120.4（1.5%）	107.3	47.1
核心家庭	2,799.7（59.13%）	3,307.2（46.69%）	3,199（40.19%）	18.1	-3.3
大家庭	790.4（16.69%）	1,077.5（15.2%）	1,204（15.1%）	36.3	11.7

資料來源：內政部（2013）。

第四節　台灣婚姻與家庭的整體圖貌

　　台灣的家庭政策是隱含性，本質是消極的、不情願的、父權掌控的態度，基本上具有下列特點：

　　1.就整體政策而言，國家不影響家庭運作。

　　2.鼓勵三代同堂僅是口號，缺乏對家庭實質誘因的配套措施。

　　3.國家缺乏統整、一致的政策機制，導致無法因應快速家庭結構及社會變遷。

　　4.社會政策皆是殘補式的措施。

　　5.政府鼓勵婦女參與勞動市場態度模糊且消極。

一、一般家庭

(一)婚育現況

　　台灣在2002年初婚平均年齡，男性為31歲，女性為26.8歲。總生育率為1.34，但至2009年新生兒只剩191,310人，總生育率為1.03人，降至2010年的0.895人，而2011年有提升至1.06，2012年雖逢龍年，生育率提升至1.27，但次年又降為1.06。

　　在2002年出生率為1.34，平均生育年齡為28.2歲，超過30歲的比率也上升至35.6%，顯現高齡產婦趨勢愈為明顯。生育率逐年下降的結果，使得人口成長遲緩，人口結構也隨之改變。台灣在未成年媽媽的比率也居亞洲之冠，每千位15～19歲之青少年產嬰兒約13位，超過日本的4人、南韓的2.8人、新加坡的8人；而在台灣每年30歲之前的墮胎婦女中，青少年約占四成。台灣近九年來單親家庭的比例約占9%，高於日本，其中單親家庭女性經濟戶長占一半以上，所衍生的子女教養

與經濟問題相當嚴重（行政院主計處，2003）。嚴重的少子化及人口老化現象，加上家庭結構改變，使得社會扶養負擔加重及政府收入萎縮，社會福利支出增加，這些現象已成為台灣社會極為嚴峻的挑戰，亟待國人正視。台灣平均初婚年齡男性在32～33歲左右，女性在29～31歲左右（內政部，2010）。台灣現今已從傳統的普遍成婚（universal marriage）轉型，婚姻生活已未必是生命歷程的歸宿。

　　台灣地區育齡婦女生育率的變化，不僅發生在數量方面，在生育步調的模式上，亦可見劇烈變遷。整體而言，台灣在20世紀下半葉以來的生育步調變化，是以育齡全程分散而朝向高峰集中的特徵，而且高齡（35歲以後）以及年輕（20歲以前）的生育角色比重，已相對式微。台灣如同一般東亞超低生育率國家般，普遍瀰漫著「逃避婚姻」（fight from marriage）的氛圍，年輕人口在無法成家的大環境下，往往選擇逃避婚姻一途，或選擇不婚，或選擇如西方社會的替代婚姻形式的同居，因此更造成生育率的下降、惡化。

(二)家庭型態與家務工作

　　台灣家庭仍以核心家庭為主流，約占六成，家務多半以女性為主要負責人占91.2%，男性僅占6.9%；男性平均投入每日1小時，女性（未就業者）為3.4小時，就業者為2.2小時（行政院主計處，2003）。台灣男女性在未婚時與父母同住比率大約在八成以上，相差不大，但已婚男性與父母同住占三成三，遠高於女性的2.1%，顯現台灣婚後仍以父系家庭為主。以2000年為例，家中有老人或病人需要照顧，女性的家務工作時間就升高至每日3小時55分，如果家中有3歲以下幼兒需要照顧，女性的家務工作時間就升至每日4小時24分，而台灣在3歲以下幼兒由父母自己照顧占72.3%，加上由父母或其他親人照顧的20.7%，顯現台灣已婚婦女在子女照顧上，仍需靠自己或親屬解決，國家的支持相對顯得不足（行政院主計處，2000a）。以2001年為例，

3～6歲的兒童有77.12%進入幼兒園接受照顧，每月費用高達11,695元，顯示政府缺乏平價的公共托育政策，這也是造成生育率下降的原因之一（內政部兒童局，2002）。依行政院主計處（2003）的「婦女婚育就業調查」，15～64歲已婚女性子女照顧方式，3歲以下以自己照顧為主占69.65%，由親屬照顧占22.35%，保母照顧占7.41%，外籍傭工占0.13%，托嬰中心或其他占0.46%。以上顯現台灣已婚婦女在子女照顧上，仍需靠自己或親屬代勞，亟需政府公共部門及社會的協助。

(三)親子關係

親子關係仍以女性投入較多心力，對未滿6歲的子女，父母最感困擾的問題為：「沒有足夠時間照顧小孩」最多，占28.5%；「精神與體力負荷太重」者居次，占21.3%；經濟方面困擾，占14.6%。父親的主要困擾是時間不夠，而母親則以精神及體力負荷太重為多，但就業母親仍以時間壓力為最大困擾，占35.6%。對於青少年，父母不瞭解子女交友情形者占33.5%；不瞭解子女興趣與專長者占25.6%；對健康不瞭解者最少，占5.2%，其中父親對子女的瞭解程度普遍低於母親；在性教育方面，尚有37.6%的父母從未與子女討論過，盡量避免討論者占11.2%，僅有16.5%的父母會主動與子女討論性方面的問題（行政院主計處，1998）。

二、原住民家庭

原住民人口在2011年計有519,984人，是台灣第四大人口群族，計有164,443戶，其中平地原住民（plain-land）計有80,061戶，山地原住民（mountain）計有84,382戶（內政部統計處，2013）。原住民族男女比例差距小，且15歲以上人口有偶者居多，未婚者男性比女性高，顯現在傳統婚姻制度下，社經地位處於劣勢的原住民男性，尋覓適婚對象時，較原住民女性困難。原住民以核心家庭戶為主，單身家庭戶次

之，由於離婚率高，單親家戶比例也較全體單親家戶來得高。原住民族女性戶長比例高，其中又以單親家戶的女戶長比率最高，祖父母及未婚子女家戶次之，祖父母、父母及未婚子女家戶再次之（行政院主計處，2000b：26）。原住民族女性戶長比率高，除了離婚、喪偶比率高，子女歸屬女方外，與部分因母系社會族群文化有關。此外，原住民族女性擔任家計主要負責人比率37.5%，其中單親家戶最高，祖父母及未婚子女家戶次之，單身家戶再次之。

三、新住民家庭

根據台灣內政部統計處的統計（2011）台閩地區的外籍配偶人數直至2011年2月底，取得國籍及持有外僑居留證者共有446,143人，已漸漸逼近原住民人數（截至2011年1月底止為512,701人），其中尚不包含未取得國籍之外籍配偶人數。新住民已儼然成為現今台灣社會中，繼閩南人、客家人、外省人以及原住民之後的第五大新興族群。新住民家庭來自大陸及東南亞地區所占比例最高。她們的丈夫相較於台灣的一般家庭，以社經地位較低的男性居多，其夫妻相處、生活適應、就業經濟、子女教養均必須關注。此外，所衍生的買賣婚姻貶辱女性、仲介業的兩邊剝削、身分及居留問題等都亟需解決。

四、同性戀團體

我國於2001年由法務部研擬人權保障基本法草案，對同性男女得依法組成家庭及收養子女已邁向法制化，但至今仍未排入立法院議程。

針對台灣婚姻與家庭發展變遷的路程，如同東亞國家般，茲列舉由Jones（2005）所提出的東亞國家在制度與發展人口增殖政策時必須加以考量的事項：

1. 非婚生子率的比例微乎其微，所以婚姻與生育的連結不只直接，而且密切，也就是說，東亞社會迥異於西歐和北歐。

2. 延後結婚或許是東亞社會延後或無意於育養子女的應對策略，然而另外仍存在許多因素左右著結婚的可能性。

3. 婚配對象選擇的傳統規範，在東亞社會依舊存在，而且透過婚姻往上流社會流動的所謂上婚嫁（hypergamy）思想還是很濃厚。這樣的背景下，非志願的不婚現象將會普遍。

4. 由於非志願的不婚將會造成可觀的非志願無子女後果，所以在探討生育相關課題時，不能忽略此一群體而只關注已婚者。

5. 由於「還沒準備好，現在不是時候」的心態，產生相當數量的高齡產婦和高齡不孕問題，成為婦女健康和人口政策必須納入考量的標的。

6. 即便是已婚夫婦，愈來愈多因素也會降低其育養子女的意願，包括就業不確定性、工作與家庭責任衝突、缺乏支持養育的政策服務、要求高品質下一代的思想、家務的性別分工及都市居住環境等等。

第五節　社會變遷與台灣家庭困境

　　原本「家庭」為社會中之基本單位，一方面連結個人與社會，同時也是傳承文化的場所；婚姻契約的建立以家庭命脈的延續最為重要。外國學者Reiss（1965）指出：「家庭制度是一種親屬團體，主要功能在培育新生嬰兒的社會化。」因此其社會功能含括下面三個層面：(1)下一代（社會新份子）的生殖；(2)子女的撫育；(3)兒童對於社會的價值傳統與規範的社會化（白秀雄、李建興、黃維憲、吳森源，1978）。家庭是一個孩子成長並發展正面社會功能的背景，但也可能是讓一個孩子既得不到生、心理支持，也沒機會健全發展的背景，例

 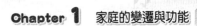

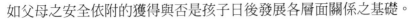

如父母之安全依附的獲得與否是孩子日後發展各層面關係之基礎。

　　雖然家庭要負起諸多任務，其中之一就是培養獨立自主的兒童，但家庭實際的結構與功能卻要受社會文化及狀況（如貧窮、吸毒、酗酒、種族歧視、離婚、失業壓力等）之影響（Parker, 1983）。但因時代所帶來的衝擊造成都市化，改變了以家庭為單位的基本功能，家庭的連結也就愈來愈鬆弛。建立家庭的要件「生育」，已不被視為「天職」；工業革命之後，改變了人類的傳統經濟活動方式。同時女性就業機會增加，逐漸走出家庭投入就業市場；尤其在第二次世界大戰後，除了生產方式改變影響了家庭的功能和社會的流動，使得婚姻的意義與內涵也都受到衝擊，造成台灣外籍新娘已有二十幾年的歷史，在台灣社會潛存著諸多問題（呂美紅，2001；劉美芳，2001）。

　　隨著愈來愈多的外籍配偶家庭，也伴隨著愈來愈多的女性單親家庭或家庭暴力的出現，我們有必要問：「究竟缺乏男性角色的狀況會如何影響兒童的發展與社會功能？」外籍配偶家庭或女性單親家庭面臨的問題較可能源自於貧窮和壓力，而不是她們本身精神與功能失常的問題（Allen-Meares, 1995）。除此之外，父母親本身的不安或精神疾病，也可能使兒童及少年出現各種發展危機與不適應的行為（例如藥物濫用、憂鬱症或犯罪偏差行為）。所以社會工作實務人員如何在發現家庭喪失功能時，透過有計畫的、適度的干預來減低他們的壓力，並在孩子產生適應不良之行為前給予預防性的干預。

　　根據薛承泰、林慧芬（2003）的研究指出，從前述關於台灣地區婚姻變遷的趨勢觀之，對社會造成衝擊主要有三個方面：首先，因為離婚率的上升而帶來許多單親家庭，女性再婚率明顯低於男性，也象徵女性單親數量的偏高；其次，因為年輕人口隨著生育率下降而將開始減少；最後，因為男性可婚人口多於女性而造成男性近年來與外籍女性通婚的現象逐年增加。而後因改變社會人口體質而形成的「新人口結構」與「新台灣人」現象等因素如下：離婚與單親家庭增加、新

人口政策的整合，以及外籍女性配偶的增加。

　　台灣近來人口變遷的主要因素在於人口老化與婚姻文化兩方面；前者主要是因為生育率的下降與壽命的延伸；後者則是與前述人口結婚、擇偶與生育的意願有相互影響的交互作用，使得社會負擔不斷加重。這批女性新移民面對著社會與家庭適應、調適問題，又遇到如果外籍配偶普遍教育水準差、語言能力不足（尤其是東南亞女性外籍配偶），這類以買賣為基礎的婚姻情況，在面臨教育下一代時必然會產生障礙。此外，外籍女性配偶的高生育率勢將改變「台灣人」的人口結構，漠視新台灣人其後的文化背景認同的危機，所導致的問題面貌也將大為不同。

　　誠如二千五百年前的希臘哲人Heraclitus所言：「世界上沒有永恆之事，除了改變。」世界各國在社會變遷中，受到人口結構的改變、家庭組成型態的變化、男女性別角色的改變，以及社會病態行為的增加，使家庭成為社會變遷下的重要議題。例如，美國為順應聯合國在1994年明訂該年為國際家庭年，將家庭視為公共政治議題；此外，家庭學者與參眾議員也促使政府要訂定政策因應社會變遷下之家庭危機。美國與台灣社會在社會巨輪牽引下，將帶動其結構因素的改變，而這些因素的變化也衝擊了賴以生存的家庭，茲分述如下：

一、人口結構的改變

　　世界各國面臨人口消長之壓力衝擊了社會及政府之實體，並改變福利服務之種類，以滿足特定族群之需求。這些改變皆會影響個體所居住之家庭，例如：

(一)老人人口的激增

　　美國65歲以上人口增加的比率快速是其他一般人口增加的二倍，目前已超過12%；而台灣在1993年底，老年人口突破7%，已正式邁

入「人口高齡化」社會。至2000年9月底，65歲以上老年人口達190萬人，占總人口比例8.6%（行政院主計處，2001）。據估計，到2010年台灣老年人口之扶養比為16.89%，到2020年為23.82%，至2050年將達54.42%。換言之，到2050年，台灣不到兩個工作人口數就要扶養一個老人（王德睦等，2001）。人口快速老化，將擠壓因應高齡社會準備的時間，台灣從7%到14%所需的年數是二十六年，相較英國四十五年，德國四十五年，美國七十年，瑞典八十五年，顯現我國是人口老化快速的國家之一。

(二)生育率的降低

美國婦女在1970年代生育子女數比率是1.8人；相對地，台灣在1960年代總生育率為6人，但到了1990年代降為1.7人，至2000年實際生育人數為1.5人，且比率又有逐年降低的趨勢（王德睦等，2001），如2011年總生育率為0.895%。

(三)女性勞動就業比率的提增

美國在1990年代約有60%的女性勞工進入就業市場，台灣的比率約在54.1%上下，已婚女性目前有工作的比率為49.7%（內政部統計處，2001），特別是家中育有年輕子女之女性，上班工作比例也相當高；此外，單親家庭中的母親為子女家計生存所需，也必須進入就業市場。女性勞動率上升足以影響家庭照顧、家庭關係、家事分工，以及女性在職場公平待遇的問題。

(四)離婚率的上升

美國在1970年代離婚率上升至51%，時至今日維持在40%左右，而且也有穩定性的成長，此種現象造成單親家庭比例增加；而台灣目前約有4.73%的家庭戶口是單親家庭，其中離婚占52.3%（內政部戶政

司，2001）。根據內政部1990年的統計，有173,209對登記結婚（粗結婚率為7.87‰），有49,003對登記離婚（粗離婚率為2.23‰），約為3.5：1。2000年時結婚對數為181,642對，離婚對數為52,670對，當年離婚人口約占15歲以上人口的4.2%，男女有偶離婚率達10.7‰，相對於1990年的6.3‰，十年間有偶離婚率增加七成，已是亞洲之冠。此情形到了2011年，總結婚對數165,305對，離婚對數57,077對，約為2.89：1。這也意味著家中18歲以下之子女在成年之前，至少有相當比例會在單親家庭中度過。

(五)遲婚現象

婚齡女性進入勞動市場比率上升，適合結婚市場之男性比例下降，甚至更有人選擇不結婚，諸此原因皆可能造成現代人遲婚，也造成婚後生子比例下降，或家庭形成老父（母）少子（女）之現象。台灣在2011年男性初婚為31.8歲，女性為29.4歲。

(六)隔代教養

隨著經濟發達，單親家庭及外籍配偶家庭的增加，也造成台灣兒童由祖父母教養比例的增加，與新三代同堂家庭及隔代家庭的形成。隔代家庭雖然解決子女照顧的問題，但仍有教養代溝、親職替代、體力照顧、親子關係疏遠及影響家庭生活品質之問題應運而生。

(七)跨國婚姻

全球化的人口流動，我國跨國婚配率從1998年的15.69%，1999年的18.62%，2000年的24.76%到2003年的31.85%，不僅比率高而且增加也快速，跨國婚姻家庭會面臨社會文化的適應問題。

二、理想與價值觀的改變

現代社會亦因諸種因素，而造成理想與價值的改變，分述如下：

(一)女性運動

由於平權觀念，再加上通貨膨脹的壓力，婦女走出家庭投入勞動市場不再受到社會輿論的壓抑，婦女工作機會的增加，造成家庭既有之男女角色分工面臨重新調整的挑戰，養兒育女不再是女性一個人的責任，為了使婦女能無後顧之憂地安心投身就業市場，政府部門相關福利措施與配合服務措施務必隨之配合，例如2002年3月8日正式上路之兩性工作平等法，即破除男性獨大之歧視迷思，爭取女性之工作平等及有關家庭照顧假、女性生理假、育嬰彈性工時、企業提供托兒服務，以及與性騷擾相關的防治措施，落實男女兩性平等及平權。性別平等的追求已是全球化的趨勢，性別平權不只涉及社會、政治、經濟、教育層面，更涉及家庭平權的推動。

(二)生活型態

隨著社會的變遷，國民經濟所得的提升，使得人民生活水準也相對地提升。因此，在台灣過去五十餘年的發展經驗中，除了配合經濟政策的修正與轉向，主要是憑藉著廉價、勤奮與優異的勞動力，不但成功地將台灣社會由農業國家轉型為工業國家，同時也創造了舉世矚目的經濟奇蹟，而成為亞洲四小龍的發展典範（劉小蘭，1999；張瑞晃，1997）。而這些社會經濟的改變無形上也牽引了宗教傳統、道德及家庭制度的改變，甚至造成個人之價值及生活型態的改變。而家庭的形成已成多元化的發展，有傳統家庭、有單親家庭、有雙生涯家庭、有收養家庭、台商家庭等；甚至於家庭的組成是可變的，其組成更是動態而非靜態的，這些變化皆挑戰著新的家庭價值及新的家庭角色。

(三)兩性角色

從美國過去的傳播媒體，由1950至1960年代之*Leave It to Beaver*的連續劇，媽媽在家烤餅乾，阿姨在家照顧小孩，至1980年代之《三人行》（*Three's Company*）影集演出一男兩女同居在一住處，共同過著類家庭的生活；《克拉瑪對克拉瑪》（*Kramer vs. Kramer*）敘述夫妻離婚爭取兒子的監護權，而《天才老爹》（*The Cosby Show*）則是雙生涯家庭。這些戲劇描繪著兩性角色的變化，也意味著社會男女性別角色再被重新定義。對女性而言，除了平常持家與養育孩子之眾多責任外，還要加增新的角色，例如工作，有時也帶給女性陷入「女強人」症候群和精疲力竭（burnout）之兩難及壓力困境中。而男性也同樣面臨不穩定的新局面，不僅被要求在工作職場上與女性分享地位與權力、被要求與孩子一起玩、要與母親輪流帶孩子看醫生、煮晚餐、管理家務等。與他們上一代相較，今日的父親在家庭中被賦予了更多的期待。

三、社會病態因素增加

改變是令人迷惑的，因為變動發生在社會中各個重要的組織（Gestwicki, 1992）。父母親在最近幾十年來比之前社會遭遇到更多的困難及快速的變遷，而這個社會也帶給父母及其家庭許多壓力。社會的變遷導致價值觀、法律和行為準則的改變，以致形成不同的生活方式。公民權利運動、婦女運動、藥物濫用、性行為開放等，使社會產生一些不健康或病態因素，分述如下：

(一)家庭暴力

家庭應具有提供親密性及保護的功能，但在現今社會中，家庭卻是會傷人的。家庭中夫虐妻、妻虐夫、父母虐待子女或是子女虐待父

母等時有所聞，嚴重造成家人的受傷、甚至死亡，所以家庭暴力又可稱為親密的謀殺（intimacy murder）。台灣在1992～1996年期間針對婚姻暴力所做的相關研究發現，早期在1992年，台大馮燕副教授調查全國1,310位已婚婦女中，發現高達35%婦女答稱自己有被丈夫虐待的經驗；1994年台灣省政府社會處，陳若璋教授也對國內已婚婦女進行「台灣婦女生活狀況調查」中發現，有17.8%婦女承認自己曾有被丈夫虐待的經驗；1995年福爾摩沙文教基金會也做了一項「1995台灣婦女動向調查」，亦有17.8%婦女承認遭丈夫毆打；同年，現代婦女基金會也針對全省的婦女做了一項大規模的調查，在回收的七千份有效問卷中，有11.7%婦女填答自己在家中曾有被毆打的經驗；1996年，TVBS電視新聞台也做了一次電話訪查，受訪者中有30%承認，他們的女性親友曾被先生施暴（潘維綱，2001：48）。我國政府為因應有關家庭暴力事件頻傳，特致力於兒童福利法、家庭暴力法，以及性侵害防治條例之立法，以遏阻家庭傷害的產生，並保障弱勢族群（兒童與婦女）之權益。

(二)未婚懷孕

2002年台閩地區單親家庭調查發現，未婚生子人口45,938人，占台閩地區總戶數0.7%（內政部統計處，2002）。張明正（1999）指出，1995年青少年未婚懷孕非婚生育個案有九千餘案，15～19歲未成年生育率為17‰。超出日本四倍，為全亞洲之冠。而美國青少年未婚懷孕比例為10%，更為世界之冠。當青少年未婚懷孕，其面臨家人關係改變與同儕異樣眼光，甚至因懷孕而提早結束學業，謀求一技之長，影響其經濟能力及未來自主和自我照顧能力。

(三)中輟學生

中途輟學比率居高不下，甚至有與日俱增的現象。1980年代，

美洲地區的輟學率仍高達21%，亞洲地區則有9%。在1985～1986年經濟高度發展的美國，有200萬名學生有輟學經驗情形產生（Dupper, 1994）。根據我國教育部在1999年的統計，從1995～1997年，平均每年有9,000～10,000名的學生輟學。教育單位與父母應著重降低學生的輟學率，或協助其提早進入就業市場，以避免因謀職能力不足而流落低社經地位或走上歧途（郭靜晃，2001）。

(四)犯罪率上升

根據法務部（1996）的資料顯示，台灣地區少年犯罪人口占少年人口的比率由1986年每萬人中215.14人增加至1995年的356.75人，增加六成之多；但自1997年少年事件處理法修訂之後，少年觸犯法律之情勢呈穩定的減緩，然而在質的方面，近年來少年犯罪性質更有惡質化、低齡化、集體化、多樣化、預謀化及財產犯罪的趨勢，由此可見少年犯罪的嚴重性。

(五)與家庭相關的社會問題層出不窮

例如少年犯罪、婚姻暴力、兒童虐待、老人虐待、精神疾病、遊民、學童中輟等，以上社會問題在在顯示家庭在教育、扶養、照顧以及滿足家庭成員需求的能量在下降中。家庭的支持下降，必定會衍生社會問題及社會公共成本的支出。

參考書目

一、中文部分

內政部（2003）。《中華民國人口統計年刊》。台北：內政部。

內政部（2010）。《中華民國人口統計年刊》。台北：內政部。

內政部戶政司（2013）。http://www.ris.gov.tw/，檢索日期：2013年5月20日。

內政部兒童局（2002）。「台閩地區生活狀況調查」。台中：內政部兒童局。

內政部統計處（2001）。「八十九年台灣地區婦女婚育與就學調查指標」。台北：內政部統計處。

內政部統計處（2001）。「台閩地區兒童生活狀況調查報告」。台灣：內政部統計處。

內政部統計處（2002）。「台閩地區單親家庭生活狀況調查」。台北：內政部統計處。

內政部統計處（2011）。「台閩地區的外籍配偶人數與大陸（含港澳）的配偶人數」。台北：內政部統計處。

內政部統計處（2013）。「內政部統計年報」。台北：內政部統計處。

天下編輯（2000）。《從零歲開始》（第一版）。台北：天下雜誌。

王德睦，王振寰、瞿海源主編（2001）。〈人口〉。《社會學與台灣社會》（增訂版），頁537-562。台北：巨流圖書公司。

白秀雄、李建興、黃維憲、吳森源（1978）。《現代社會學》。台北：五南圖書公司。

伊慶春（2007）。「台灣社會變遷基本調查」（1995、2000、2005年）。台北：中研院社會所。

行政院主計處（1998）。「台灣地區社會發展趨勢調查」。台北：行政院主計處。

行政院主計處（2000a）。「婦女婚育與就業調查」。台北：行政院主計處。

行政院主計處（2000b）。《我國性別統計及婦女生活地位之國際比較研究》。台北：行政院主計處。

行政院主計處（2001）。「台灣地區人力資源調查」。台北：行政院主計處。

行政院主計處（2003）。《主計月刊》，7，38。

呂美紅（2001）。《外籍新娘生活適應與婚姻滿意度及其相關因素之研究——以台灣地區東南亞新娘為例》。台北：中國文化大學生活應用科學研究所碩士論文。

阮昌銳（1994）。〈中國婚姻制度變遷之研究〉。《政大民族社會學報》，18、19、20合刊，141-149。

法務部（1996）。《中華民國八十四年犯罪狀況及其分析》。台北：法務部犯罪問題研究中心。

張明正（1999）。〈人口轉型與生育及婦幼衛生有關之研究課題〉。《國家衛生研究院簡訊》，4(5)，17-20。

張瑞晃（1997）。《台灣地區產業結構變遷與生產力解析》。台北：東吳大學經濟研究所碩士論文。

郭靜晃（2001a）。《中途輟學青少年之現況分析與輔導》。台北：洪葉文化。

郭靜晃（2001b）。〈邁向二十一世紀兒童福利之願景——以兒童為中心、家庭為本位，落實整體兒童照顧政策〉。《華岡社科》，15，1-13。

黃明發（2013）。《婚姻與家庭》。台北：揚智文化。

黃堅厚（1996）。《我國家庭現代化的途徑》。台中：中華民國家庭幸福促進協會。

劉小蘭（1999）。《台灣產業結構變遷之研究——以要素稟賦的觀點分析》。台北：國立政治大學地政研究所碩士論文。

劉美芳（2001）。《跨國婚姻中菲籍女性生命述說》。高雄：高雄醫學大學護理學研究所碩士論文。

潘維綱（2001）。〈社會福利團體角色與我國暴力防治政治——以「現代婦女基金會」為例〉。《社區發展季刊》，94，45-59。

薛承泰（2001）。〈台灣單親戶及其貧窮之趨勢分析〉。《台灣單親家庭之現況與政策研討會》，1-18。國家政策研究基金會。

薛承泰、林慧芬（2003）。〈台灣家庭變遷——外籍新娘現象〉。《國政論壇》，9，19。

謝高橋（1994）。〈家庭組織與型態的變遷〉。《婚姻與家庭》，8(3)，1-3。

韓嘉玲（2003）。〈促進弱勢群體享受平等的教育機會〉（節選）。2003年7月8日，取自：http://202.130.245.40/chinese/zhuanti/264833.htm

蘇雪玉（1998）。〈家庭功能〉。輯於蘇雪玉等，《家庭概論》。台北：國立空中大學。

二、英文部分

Allen-Meares, P. (1995). *Social Work with Children and Adolescents.* New York: Longman Publishers, USA.

Ambert, A. M. (1994). An international perspective on parenting: Social change and social constructs. *Journal of Marriage and the Family, 57*, 529-540.

Bumpass, L. L. (1984). Children and marital disruption: A replication and update. *Demography, 21*, 71-82.

Dupper, D. R. (1994). Reducing out-of-school suspension: A survey of attitudes and barriers. *Social Work in Education, 16*(2), 115-123.

Gestwicki, C. (1992). *Home, School and Community Relations* (2nd ed.)*.* New York: Delmar Publisher Inc.

Jones, G. W. (2005). The fight from marriage in South-East and East Asia. *Journal of Comparative Family Studies, 36*(1), 93-119.

Parker, G. (1983). Father, peers, and other family influences on the socialization of the child. *Australian Journal of Sex, Marriage and Family, 4*, 5-13.

Reiss, I. L. (1965). The universality of the family: A conceptual analysis. *Journal of Marriage and the Family, 27*, 443-453.

Chapter 2

親職角色與效能

- 父母的角色、教養態度與方法
- 親職教育的緣由與實施方式
- 親職的效能

　　過去傳統社會「天下無不是的父母」，今日民主社會卻是「天下的父母都不是」。今日的父母被子女及社會所責難，父母被認為未善盡職責，所以造成今日兒童少年的問題，甚至更有人認為「兒少之問題，種因於家庭，顯現於學校，惡化於社會」。然而，多數的父母大都是當了父母，才開始學習當父母。父母又不是神，也會犯錯，又有誰能幫助他們呢？這也是現代民主社會，為人父母首先要學習的功課，這也是親職教育的最主要的功能，提升父母效能、改善親子關係、有效保護兒童及促進兒童身心健全發展，所以說來，父母需要被教育，被鼓勵與被接納，故親職教育範疇有二，一是改善父母效能（Parent Effective Training, PET），另一是鼓勵父母積極參與子女教育（Parental Involvement, PI）。前者是應用各種技術、策略，如父母效能的訓練（PET）、父母效能系統訓練（Systematic Training for Effective Parenting, STEP）、積極親職（Active Parenting, AP）及自信親職（Confident Parenting, CP）等，教導父母要注重、關心孩子的心理感受，應用積極傾聽，有效溝通方式，給予行為增加策略，讓兒童行為有替代的選擇，強化兒童有效之行為（相關技巧及方法將在第五章有專章介紹）；後者是學校或托育機構暢通溝通管道，鼓勵父母參與子女的學習，並將專業的教導孩子方法帶回家庭中，再教育父母成為子女教育的社會支持來源、運用社區資源、建立社會支持網絡，以圍堵孩子不良行為的發生（相關技巧將在第三章有專章介紹）。

　　我國2003年頒訂兒童及少年福利法第19條規定：直轄市、縣（市）政府，應鼓勵委託民間或自行辦理兒童少年福利措施，包括對兒童及其家庭提供諮詢輔導服務（第三款），以及辦理親職教育（第四款）。在2011年兒童及少年福利法修訂為兒童及少年福利與權益保障法，並在第95條就規定：直轄市、縣（市）政府應鼓勵，委託民間或自行創辦心理輔導或家庭諮詢機構；第91條規定：父母、監護人或其他實際照顧兒童及少年之人，違反第43條第二項規定，情節嚴重者

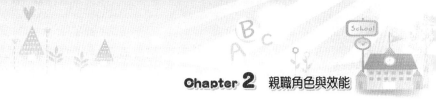

處新臺幣一萬元以上五萬元以下罰鍰;其未禁止兒童及少年為第43條第一項第二款,第56條第一項各款情形或第95條、第96條、第99條處罰之行為者,並得命其接受八小時以上五十小時以下之親職教育輔導。

上述立法之精神乃將親職教育視為兒童及少年福利服務中的家庭支持性服務,其目的在於支持、增進及強化家庭功能,滿足兒童需求之能力,使原生家庭成為兒童最佳之成長場合(郭靜晃,2004:366);但立法之精神也涉及當家庭不能妥善照顧兒童及少年,政府可依法處罰監護人執行強制性親職教育輔導,所以親職教育具有支持性及治療性功能。

🏠 第一節 父母的角色、教養態度與方法

在2歲以前,母親(或其他主要照顧者)一直是嬰兒最主要的守護神、養育者及照顧者。到了2歲以後,孩子的社會化擴大了,父母、祖父母或幼兒園遂成為孩子社會化的主要代理人(social agents)。在1990年代之前,大部分研究指出,親子互動品質良好,可促進孩子性別角色認同,傳遞社會文化所認同的道德觀,增加彼此親密的依戀品質,促進孩子記性(playfulness)發展,亦有助孩子日後與同儕互動的基礎。在1990年代之後,由於母親走出家庭,進入工作職場,於是孩子進入托育機構或由保母照顧比例日益增多。因此,托育機構的照顧品質或師生互動變成影響兒童社會化的重要影響因子。現代的家庭伴隨太多的不穩定性,例如婚姻失調(離婚、親密暴力)、貧窮、壓力,加上社會支持不夠,終究衍生了許多社會問題。此外,社會變遷,如人口結構改變、家庭人口數減少、家庭結構以次核心家庭為主;又如因教育水準提升、個人主義抬頭等,致婦女前往就業市場,兩性平等造成家庭夫妻關係與權利義務分配日趨均權;其三,社會經濟結構改變,使得需要大量勞力工作的機會降低,取而代之的是服

務，及不需太多勞力的工作機會提增，更刺激了婦女的就業意願；其四，經濟所得的增加，加上通貨膨脹上升，婦女為求家庭經濟生活的充裕，必須外出工作，以提升家庭的物質生活品質，亦造就了婦女成為就業市場的主力，甚至衍生了雙生涯家庭（在2001年台灣約有49.7%的婦女勞動參與率）。

一、父母的角色與家人的溝通

家庭是培育個人成長的一個重要媒介，其對於個人身心的健康發展也有非常重大的影響。以下介紹家庭成員角色的扮演以及成員間的溝通，瞭解個人與家庭間的互動影響，並增進與家人溝通的能力。

(一)家人角色

角色的意義來自社會或文化對個體行為或態度的期望（Strong & DeVault, 1992）。Kadushin及Martin（1988）在其《兒童福利》著作中，更以家庭系統互動為目的，以父母角色功能為主，將兒童福利服務分為三類：支持性服務、補充性服務及替代性服務。親職教育即屬於支持性兒童福利服務，為因應兒童所處家庭因社會變遷所產生之緊張狀態，雖其結構完整，但若不即時因應家庭危機，仍會導致家庭發生變數，影響兒童，因此需即時提供支持性兒童福利服務，充權增能（empower）家庭功能（郭靜晃，2004：23）。

這種來自社會或文化的期望，更因個體性別、社經地位、年齡、職務、能力、責任或其他因素而定。社會上最主要的期望更會受年齡及性別所影響，這種期望會為規範做統一及一致性的要求，是謂刻板化角色（stereotypical roles）。一般說來，小家庭中的成員組成為父母、子女、夫妻、手足或姻親血緣關係，進而擴大為大家庭之角色。

在傳統的農業社會中，父親的角色是賺錢養家，母親則照顧子女，以迎合「男主外，女主內」之傳統角色，而子女則好好唸書，兄

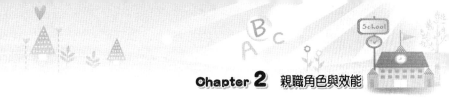

友弟恭，好好做人及孝順父母。此外，農業社會中，工作與家庭也分不開，所有生老病死的事皆發生在家中，成為家務事。工業化之後，不僅劃分工作與家庭的場合，社會中更結合各行各業的專業，例如托兒、托老、市場、學校等，以取代過去傳統家中的照顧與經濟功能角色。隨著勞動市場結構的改變──女性就業率的提高，人們對性別角色期望也產生改變，以及工作結構的變遷等，也使得家庭的角色產生改變，例如雙生涯家庭。此外，婚姻的穩定性也隨著社會變遷變成較不穩固而形成單親家庭。單親家庭又以女性為戶長的比例較高，也就是母親獨立帶著子女自成一戶的比例高過父親帶著子女的家庭。台灣近幾十年單親（尤其是女性戶長）之比例也上升不少，將近二倍多。而這些單親家庭，不論是父親或母親多半同時扮演家庭經濟及家務的角色，因此這類家庭更需外力的支援，不論是家務或是管教子女的任務均是。

面對多元性、選擇性、包容性的現代社會特質，人們對個人及家庭需求的適應，以及個人對不同生活模式的自由選擇，現代化的家庭概念不再是單一模式，而是有選擇性的生活模式，例如核心家庭、主幹家庭、擴展家庭、同性戀家庭、單親家庭、繼親家庭、重組家庭、雙生涯家庭、新三代同堂家庭、外籍配偶家庭等（蘇雪玉，1998）。縱觀社會變遷造成家庭功能的改變，家庭中角色的功能仍有：

1. 賺錢者：賺進金錢以供家人衣、食、住、行等基本生活花費。
2. 照顧三餐及主要家務管理者：照顧家人膳食、營養及其他生活需要之總監。
3. 精神鼓舞者：在平時或家人需要時，以其睿智提供精神引導與鼓勵者。
4. 情感支柱者：在家人受挫沮喪時，提供安慰、聆聽與情感支持。

5.醫療照顧者：負責照顧家人疾病、意外事故、日常保健衛生照顧及諮詢者。

6.決定裁量者：遇有困難或需決定情況，提供意見、方向、經驗及智慧。

7.督導孩子教育及成長者：重視孩子的教育與成長，提供關注、督導、解惑及支持。

8.娛樂休閒提供者：提供娛樂休閒的意見、籌劃及執行。

　　家庭經歷不同階段，例如初組成家庭時、新婚夫婦的協助階段、在生第一個孩子前的儲備階段，接下來子女陸續誕生、成長、接受教育等，每個階段都有不同的經歷；之後是子女離家的空巢階段（或稱復原階段）和最後的退休階段（Strong & DeVault, 1992）。不同階段的家庭任務及家人的角色也有不同。如第一個孩子誕生時，夫妻加添了為人父母的角色，他們的職責包含照顧小生命的健康與身心發展（高慧芬，1998）。

(二)家人溝通

　　溝通是指一方經由一些語言或非語言的管道，將意見、態度、知識、觀念、情感等訊息，傳達給對方的歷程。家人溝通即家人中成員將訊息傳給其他成員的歷程（**圖2-1**）。

　　個人在溝通歷程中，除了溝通內容之外，也有溝通情緒，如果溝通訊息不清楚，彼此之間容易形成障礙。因此，在家庭中應著重在如何溝通以及避免溝通阻礙的產生。換言之，如何溝通也是重氣氛的溝通（高慧芬，1998）。氣氛溝通反映出溝通品質，亦是家人關係親疏與好壞的良窺（吳就君、鄭玉英，1987）。溝通不僅在語言內容中要加以注意，也要重視非語言的溝通（例如溝通中彼此的距離、臉色、眼神、表情、姿勢、肌肉緊張），這些要素皆會影響溝通氣氛是否和緩、溫暖，或是否有不安與緊張。

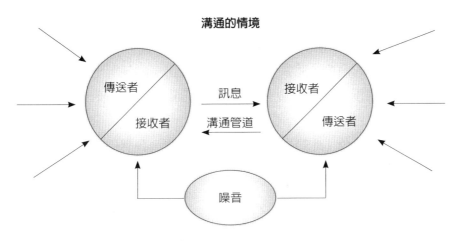

溝通的情境

圖2-1　溝通的歷程

資料來源：Devito (1994: 9).

　　通常父母與子女溝通時，雖然很願意瞭解孩子的內心感受，接受孩子的情緒，卻常常在無意中流露出某些傳統的角色，造成親子溝通的障礙，扼殺了孩子情緒表達的勇氣。內政部統計處針對台閩地區少年狀況進行調查，結果發現，我國青少年覺得家人容易發脾氣，且青少年自己很難自在地在家人面前說出心中的感受。此外，青少年卻最常與家人在一起的活動是看電視、吃東西聊天，至少有40%的青少年表示，與父母在一起做此類家庭活動是負向；相對地，與同儕在一起做一些活動就顯得正向多了（內政部統計處，1999）。

◆父母常扮演的角色

　　鍾思嘉（2004）就指出，一般父母通常會扮演七種傳統角色，以致於影響親子溝通之順暢，茲分述如下：

1.指揮官的角色：有些父母會在孩子有負向情緒困擾時，採用命令的語氣，企圖消除孩子的負向情緒，此種角色往往會造成孩子心靈的威脅，甚至扼殺了孩子表達的勇氣。

2.道德家的角色：有些父母會對困擾或沮喪中的孩子採取說教的方式，讓子女覺得父母很嘮叨。

3.萬能者的角色：此類型的父母會表現出一副無所不知、無所不曉的態度，甚至常會替孩子解決問題，而造成孩子無形的壓力。

4.法官的角色：此類型的父母會仲裁是非，評價孩子的行為，甚至批判孩子的情緒。

5.批評者的角色：此類型之父母與道德家、萬能者及法官類型的父母相似，都是標榜父母是對的、正確的，只是此類型的父母會用嘲笑、諷刺、開玩笑、予以標籤化的方式來表達，造成親子間形成很大的鴻溝與隔閡，無形中更傷害了孩子的自尊。

6.安慰者的角色：此類型的父母只幫助孩子宣洩情緒，並不參與孩子困擾問題的處理。

7.心理學家的角色：扮演一位心理學家的父母善於發覺孩子的問題，並加以分析、診斷，常告訴孩子問題所在，但常將問題歸因於孩子身上。

◆有效的親子溝通

綜合上述之親子互動中，父母會反覆地指出問題的來源來自孩子，並企圖灌輸孩子正確的觀念，但不幸的是，父母採取此種方法，卻常常導致親子溝通的障礙（鍾思嘉，2004）。鍾思嘉（2004）針對孩子溝通的障礙，提出有效的親子溝通，尤其在民主的社會中，其內容有：

1.反映傾聽：傾聽是瞭解的開始，但是一般人皆認為溝通就是「談」、「說」、「講」而已，其實「聽」才是最重要的環節，傾聽別人是表示尊重他、相信他所說的內容是有價值的，是值得注意的，於是彼此無形中就建立了關係。除了傾聽之

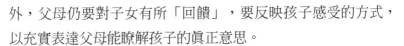

外，父母仍要對子女有所「回饋」，要反映孩子感受的方式，以充實表達父母能瞭解孩子的眞正意思。

2. 我的訊息（I-message）：我的訊息是強調對子女「行爲」本身的感受，而非對自己或子女「個人」的感受。當父母視爲一種權威時，或當父母認爲問題來自於孩子時，或當子女的行爲讓父母覺得不安與憤怒時，爲人父母常會用帶有貶損子女的「你的訊息」來與子女溝通，而這些訊息會使子女產生氣憤、受傷、不安或無價值感。

3. 問題所有權：現在父母也是當代的「孝子」（孝順子女），少子化之後，父母對孩子的照顧更是無微不至，甚至讓孩子當王，孩子無形中享受這種無微不至的「服務」，又缺乏適當的規範與管教，也就潛移默化地讓孩子養成一些不良習慣與行爲。所以，讓孩子明瞭問題的所有權在誰身上，讓孩子處理屬於他自己的問題，也是一種機會學習；但父母也不能因此就停止對子女的照顧、關懷與愛，而是更要肯定孩子處理問題的能力，給予積極的增強，以強化這種因應及處理問題的行爲能力。

4. 開放式的反應：開放式的反應（溝通）是一種父母與孩子的訊息交換，而不是增加孩子所傳遞的訊息去做推論，也不是縮短其訊息，更不是爲訊息做評價與判斷。相對地，父母採取開放式的反應會令孩子產生一種被瞭解與尊重的感覺，覺得父母瞭解他所表達的一切，也會增加其與父母溝通的意願。

5. 尋求問題解決方法：透過討論、溝通，共同辨認問題及所有權。一方面可增加良好親子互動，另一面可從共同尋求解決的方法中，彼此之間學習相互配合與合作。而且，子女在學習解決問題的歷程當中，也學到如何處理自己的問題及從父母中模塑並習得一些與人衝突時如何做決定及解決技巧。

41

二、家庭環境與父母教養態度及方法

(一)家庭環境

　　家庭環境對兒童之影響可分為物理和社會環境，前者是指除了人之外的物質條件及其組織和安排，例如玩具、圖書、電視、房間布置及遊戲的空間；後者是指人與人之間的關係，例如，家中成人與兒童、兄弟姊妹與兒童之間的關係。內政部兒童局（2005）針對台閩地區3,000位兒童生活進行調查，研究指出，學齡前兒童最常使用的遊戲設施是「在住家內空間玩耍」，占91.91%，其次為「在鄰近社區的公園」玩，平均每天遊戲時間以「2～未滿4小時」最多，占33.2%，「2小時以內」次之，占22.09%。學齡兒童平時所參與的休閒活動以「視聽型活動」（看電視及玩電腦），占72.62%，平均以「2小時以內」為最多，占60.66%，「2～未滿4小時」次之，占27.50%。此外，學齡前兒童最主要是與父母親互動，而學齡兒童則與手足互動最為頻繁。

　　除了物質環境之刺激外，家庭是否有安靜的情境、空間是否寬敞，也對兒童心理及學習有所影響。父母親不僅是兒童社會刺激的主要來源，也是物理環境的中介物，更是物理環境的提供者和組織者，此種環境安排是否規律，也與兒童認知發展有關，因此父母要為兒童創建一個充滿吸引力環境、主動引導兒童探索及遊戲；此外，溫暖的親子互動更有助於兒童具有玩性、良好的人際關係及對人的信任與依戀。除了家庭之外，社區更是塑造兒童未來生活適應、擴展人際互動及探索的場域，如社區遊戲場及設施，社區安全、社區中的人際互動模式，健康照護服務和福利服務的可近性、娛樂活動、環境品質、社區的社經水準等等，皆對兒童及其家庭的身心與社會層面有重大的影響。貧窮的環境會使家庭面臨更大的壓力，也使得兒童帶有情緒壓力。此外，在面臨搬家、失去同儕和熟悉的環境，甚至照顧者的變動

時，也會爲兒童帶來生活上的壓力。

(二)父母管教方式

　　社會化是個體掌握社會文化知識學習、行爲習慣和價值體系塑化的過程。父母則依據自己對社會化目標的理解，運用各種教養技術促使兒童社會化。孩子在2～3歲之前，父母親通常會盡量容忍他們幼稚且不合理的行爲，隨著年齡成長，孩子認知能力和溝通技巧增進，父母也會開始「管教」（discipline）孩子，並對他們的行爲多加干涉與限制（雷庚玲，1994）。至於父母應如何管教孩子，會隨著家庭的經驗及文化的價值而不同，如何期望孩子成爲一個環境所接受的「社會人」也有所不同，這是所有父母不能完全參得透的問題，更誠如美國一位知名的小兒科醫生兼兒童心理學家所云：這世界上根本就沒有一種「最好」的教養方法，也沒有人在教養孩子時從沒有犯過錯。倒是另一位有名的人格發展心理學家提醒我們，管教孩子時應讓孩子漸漸學會自我控制，切不可做得太過火而抹殺孩子的自主性、好奇心，以及失去自我能力的信心（雷庚玲，1994）。

　　美國加州大學發展心理學家Baumrind（1967, 1977）訪問134位父母，並對父母教養行爲如何影響兒童社會行爲進行三十年的三次研究。第一次研究是觀察幼兒園兒童，並依其社會行爲（獨立性、自信、探索、自我控制、人際互動等）分爲三類（雷庚玲，1994）：

1. 活力且友善（energetic-friendly）：其特質包括獨立、可靠、自我控制、興高采烈而友善的、能忍耐壓力、好奇心強、有成就等。
2. 衝突且易被激怒的（conflicted-irritable）：其特質包括害怕、懷疑、情緒化、不快樂、易被激怒的、有敵意、無法承受壓力、彆扭等。
3. 衝動且富攻擊性（impulsive-aggressive）：其特質包括叛逆、自我控制力弱、衝動、富攻擊性等。

然後Baumrind以控制、成熟的要求、親子互動及教養方式，來評定父母的教養方式，依據這些資料，Baumrind將父母的管教方式分為三種：

1. 威權專制型（authoritarian parenting）：這一類型的父母對孩子的一舉一動皆嚴加限制，並要求孩子絕對的服從。此類型的父母很少對孩子解釋嚴格規定的原因，並常常以高壓手段要求孩子服從。

2. 權威開明型（authoritative parenting）：這一類型的父母也對孩子要求嚴格，且要求孩子務必做到，但父母會對孩子解釋父母的用心及理由，並關心孩子的需要，也讓孩子能有表達意見的機會。

3. 放任嬌寵型（permissive parenting）：這一類型的父母對孩子很少有要求或限制，他們除了鼓勵孩子表達自己的感受外，也鼓勵孩子照著自己既有的感覺或衝動行事。

在第二、三次的研究中，Baumrind採取與第一次相反的程序，並採取縱貫研究方法，針對父母的管教方式對學齡前幼兒的影響作社會行為評量，並到了兒童9歲時，再評定一次。結果發現，權威開明型父母的兩性別之子女在認知及社會能力發展方面，皆高於威權專制型及放任嬌寵型的父母；放任嬌寵型的父母之女孩在認知能力和社會能力的發展較低，男孩的認知能力最低；威權專制型的父母之男女童的發展居於中間。這些早期發展的能力會一直持續到青春期。

此外，心理學家也常運用家庭訪問、觀察法或問卷調查方法，試圖瞭解父母如何影響子女發展。研究指出，威權專制型父母，控制太多，愛心不足；放任嬌寵型父母，愛得不理智，控制不足；冷漠或拒絕型的父母，在教養方法及態度上都形成問題；唯有權威開明型是較理想的父母，當然這端賴兒童所在社會的社會化目標和兒童自身的特

點，以及兒童與父母的互動匹配程度（Maccoby & Martin, 1983）。心理學家認為，孩子的行為之所以與父母教養方式有關，其實是父母尊重孩子的行為會在孩子與父母互動時採用比較成熟的方式，例如，母親與孩子遊戲時如願意給孩子較多空間決定他想玩什麼及如何玩，那之後母親要求孩子完成其他工作（如收拾），孩子會比較願意採取合作及利社會態度。

影響兒童發展之因素，除了父母本身之因素（如父母的性格、是否有精神疾病、家庭變動、父母幼時的經驗等）會影響孩子外，孩子的因素（如需求過度、氣質或有困難的孩子）也會影響父母與孩子的互動。Belsky等（1984）用生態觀點將親子互動稱為循環性影響（circular influence）。他們認為，夫妻關係可能影響孩子的態度與行為，進而影響孩子的適應功能；當然，孩子的因素也將再次循環地影響夫妻的婚姻關係。Belsky等（1984）對嬰兒研究時亦發現，父親較常與孩子們一起閱讀和看電視，母親則花較多時間在養育和照顧孩子。這不表示父親無法成為細心和具感性的照顧者，其實較常與孩子在一起的父親也如同母親般可敏銳的解讀孩子所送出的訊息和線索。Belsky等（1984）針對影響父母的育兒行為，歸納有個人特徵和信仰、婚姻關係、社會網絡、工作、兒童特徵，及兒童發展情形（圖**2-2**）。上列因素可再歸納為三點：

1.父母本身的個性特徵：如社會化目標的看法和對孩子的期望、對孩子的評估能力。
2.兒童本身的特徵：如氣質、性格和能力。
3.社會環境：如家庭內部環境（如婚姻關係）及外部環境（如工作、社會網絡、社區文化及次文化等）。

研究顯示，家長創造養育的環境，而且家長的教育行為也具有影響兒童的功能作用。Schaefer和Edgerton（1985）、Swick（1987）也

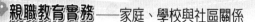
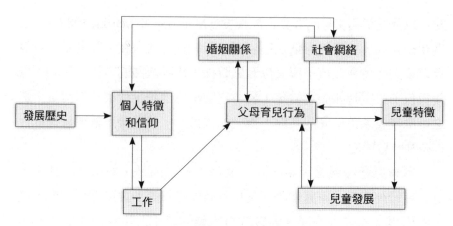

圖2-2　決定父母育兒行為之因素

資料來源：Belsky et al. (1984).

發現，有效能的家長比缺乏自信的家長參與更多的活動。根據White（1988）的研究，家長的品性、行為與建設性的參與模式具有關聯性，例如高度教養的行為、支持性的語言活動、明確而一致的紀律、支持性的家長態度、設計家庭學習的技巧，以及運用社區支援的豐富資源。研究同時也顯示，家長的參與會影響兒童人格特質的品質，例如正向的自我形象、樂觀的態度、建設性的社會關係取向（Swick, 1987），以及語言的獲得、動作技能的學習、概念的獲取與問題解決的能力等（Pittman, 1987; Schaefer & Edgerton, 1985; Swick, 1987）。

第二節　親職教育的緣由與實施方式

一、親職教育的緣由

　　兒童及少年的問題始於家庭、顯現於學校、彰顯於社會。故親職教育即在指導父母克盡角色、發揮父母及家庭功能，以預防其日後不

良行為的產生。

　　親職教育的重要性在於強化家庭功能，預防兒童及少年產生不適應之行為，接合學校及社會資源，支持家庭發揮功能，消弭社會問題，去除不適合孩子成長的環境因素。因而其實施應包括教育及導引家庭與父母之功能（郭靜晃，2005）。

(一)歐美親職教育發展

　　歐美之親職教育思潮始於古希臘文化和古羅馬文化，認為父母與家庭扮演子女教育的重要角色，並提倡優生學論點。到了西元100年左右開始有文字記載〔Moralis Plutarch的《兒童的教育》（*The Education of Children*）〕，強調更好的兒童教養始於父母之手。西元16世紀，Martin Luther及Michel de Montaige皆強調家庭與學校對兒童教育皆扮演重要的角色，更強調親師合作。17世紀，Johann Amos Comenius，發表《嬰兒學校》，強調母親是幼兒的啟蒙老師。18世紀的John Locke強調父母要以身教教導子女；Jean Jacques Rousseau的《愛彌兒》強調父母是孩子最好的教育，更強調家庭的自發環境是培養孩子人格成長的最佳環境；之後，瑞士的教育學家及改革者Pestalozzi主張父母在子女教育中應扮演最重要的角色，被譽為「親職教育之父」。

　　在19世紀，德國教育家Johann Friedrich Herbart之哲學思潮在美國生根開花，Friedrich W. Froebel運用思物及媽媽的手指謠和遊戲來教育幼兒，被譽為「幼稚園之父」，其課程已有父母參與（parental involvement）的概念。相對於幼稚園，Rachel McMillan和Margaret McMillan從她們在英國衛生診所為貧窮兒童所提供照顧經驗，並應用父母協助幼兒課程教學，這也是托兒所最早的源由。之後，托兒所促使美國教師學院（Teachers College）、Columbia University、Merrill Palmer的家政學院成立，也成為日後家庭關係與兒童發展科系（Family Relations and Child Studies）的創立。

　　Maria Montessori的兒童之家（Casa dei Bambini）試圖突破義大利傳統教育，如同McMillans打破英國小學的形式主義般，發展獨立於幼稚園與托兒所，應用John Dewey的「做中學」（learning by doing），來教育兒童，並要求父母也要參與孩童的教育。

　　此外，在德國，強調親職教育是家庭教育的延伸，中央聯邦政府有「家庭、老人、婦女和青少年部」，縣市政府則有「青少年局」，掌管親職教育事宜，此種機構類似英國的家庭中心（Family Centers），日本的相談所，專門提供父母照顧幼兒的方法，也是國家提供親職教育資源。此外，德國也利用空中大學（Open University）提供普及性親職教育課程及學前教育之家庭訪視，協助父母瞭解子女在托育機構的成長情形。

　　綜觀歐美的立法制度，歐洲，例如英國對兒童發展支持最早，在1601年的「濟貧法案」（Poor Law），1918年「產婦與兒童福利法案」，1946年「家庭補助法案」及1989年「兒童法案」。美國因早期移民風潮，採取較開放的人道主義關懷，加上對兒童心理及兒童發展理論的創立與研究，也增強社會對兒童的關心與研究。日後80年代福利改革以因應社會變遷，並有國家立法保障兒童之權利，也是親權主義的由來，日後也衍生為強制性親職教育輔導。

　　美國對家庭的服務，源起於慈善組織（charity organization），約在1880年左右逐漸形成，1930年代「經濟大蕭條」（Great Depression），引用社會工作方法將具體資源輸送到家庭。直到1950年代，成立美國家庭服務協會（The Family Service Association）。

　　之後，家庭服務應用到社區預防觀點，納入心理輔導人員在社區提供兒童少年諮詢服務，這也是我國在2003年兒童及少年福利法參酌的理由，將兒童少年輔導及家庭諮詢機構列入兒童福利機構之一。

　　美國親職教育之啟蒙除了在1885年在美國成立第一家幼稚園，並成立「全國母親協會」，1916年在Chicago成立第一家家長合作式的托

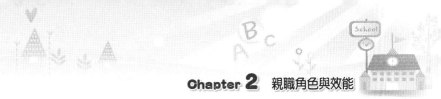

兒所（Parent Nursery School），到了1940年代各州成立無數的家長合作托兒所。1970年代之後，幼稚教育強調適性教育（Developmentally Appropriate Practice, DAP），並立法規定接受家庭補助（AFDC）的父母要參與子女的教育（例如Head Start）。

1970年後期最早由Thomas Gordon在加州Pasadena創立17位父母成長團體，之後五年擴大至五十州，衍生數以千計的社區組成父母團體，來訓練父母成為一有效能的父母。

綜觀歐美親職教育多由個人、學術、宗教或社區之非營利團體所提供，所以這些方案也較吸引性及創新性。舉行方式有專家演講式、團體座談，也有函授或遠距教學方式。在美加地區較有效的方案有：

1. Thomas Gordon的父母效能訓練：教導父母要注重關心孩子心理上的感受，而不是凡事只看其行為結果，視行為給予獎賞，完全不考慮任何動機或想法。Gordon認為父母並不需要運用太多威權，以強勢方式來影響子女，而是只要試著瞭解子女的想法，也讓子女瞭解父母的想法、感受，就有助親子之間的互動。

2. Dinkmeyer和McKay的父母效能系統訓練（STEP）：父母效能系統訓練來自於阿德勒學派（Alfred Adler, 1870-1937）的影響，主張社會為個人行為的決定因素，Adler倡導個體心理學，認為人類的基本需求是歸屬感，人類行為皆是目標導向或是未來導向的。社會的助人專業（如心理學家、精神醫療輔導）等目標在於教育全體群眾趨於更有效的社會生活。阿德勒是第一位將家庭諮商運用到社區教育，並在1919年設立兒童輔導中心。Dinkmeyer和McKay運用Adler的理念，設計一套完整的親職教育模式來教導子女，瞭解影響子女本身的態度與信念，以及兒童不當行為的處理。

3. Michael Popkin的積極親職（AP）：Michael Popkin是一位兒童

輔導與親職專家，積極親職課程創立於1998年，課程內容主要為青少年父母為其子女行為所困擾的管教問題，如性問題、藥物濫用，提供指導者指南，應用「誰的問題」、「合乎邏輯結果」，做得到與否；相互尊重的「民主溝通技術」，提供父母實戰備忘錄及教戰手冊。

4. Kerby T. Alvy的自信親職（CP）：Kerby T. Alvy應用行為改變和社會學習理論來影響父母的觀念，再由父母去影響兒童態度，進而影響子女的行為，最重要是改善育兒的親職技巧。

5. 父母匿名團體（Parents Anonymous, PA），青少年酗酒匿名團體（Alcohol Anonymous Teens, AAT）：此種互動團體一直被用來當作個人充權增能（empower）訓練，以關懷別人及自我決策來幫助個人戒除酒癮或藥物濫用。

6. Charles Cunningham的社區兒童行為方案（Community Action Program for Children, CAPC）：此種社區方案提供社區據點或利用社區福利中心，提供一些課輔、桌遊、休閒教育以及父母成長團體，除了提供兒童和少年正當社會化之場所外，另一方面也幫助家庭提升父母的管教效能。

(二)我國的親職教育發展

我國的親職教育早在數千年前的《中庸》即有明文記載，如「君子之道，造端乎夫婦」，此外，《詩經·小雅》「妻子好合，如鼓瑟琴。兄弟既翕，和樂且湛。」，《大學》「格物、致知、誠意、正心、修身、齊家、治國、平天下。」也皆揭櫫親職教育的重要性。隨著社會變遷，親職教育也付諸於法制化，例如1938年教師部頒布中等以下學校推行家庭教育辦法；1973年兒童福利法也規定政府要實施親職教育；1984年教育部訂定發展家庭教育施政計畫，視家庭教育為一社會運動；1987年各縣市成立親職教育中心；1993年親職教育納入六

年國建計畫，此外，兒童福利法修訂頒布強制性親職教育輔導。此種法制化的表現也顯現政府對親職教育的重視與倡導，主管機關與民間組織（團體）之推動也日愈積極與關心。但因親職教育之機構呈現多頭馬車，如內政部社會司、教育部社教司、青輔會等，其中缺乏一個預籌、規劃、協調與督導的主導機構，此外，也缺乏完整、連貫與周全的親職教育政策，也使得親職教育之辦理流於形式，不能呼應家長需求之多元性，甚至各自推責，強調各自的責任，例如問題的預防在於教育部的學校，而有了問題則隸屬社政單位，當問題產生時卻沒有主責單位，所以親職教育之效用未能奏效。

　　由於父母的親職角色功能不足，加上父母的錯誤認知，認為托（教）育機構不但是「訓練機器」，而且也是代管「孩子」這物品的場所，是孩子應「及早」且「待愈久愈好」的主要社會化的機構。問題是一旦托（教）育人員與父母的教養方式不同，孩子會增加適應上的不安與焦慮，反而讓孩子在父母及托（教）育機構的雙重忽略下，延滯孩童身心發展的重要時機。

　　在以往的社會裡，老師是罕見的，家長與老師的關係並不密切。雖然昔日孩子在生活上過得相當困苦，但孩子至少有一簡單、安定及嚴格的限制（教養），生活方式彈性較小，親職教育就不太需要；時至今日，在這全球化的世界中，家庭和社會形貌已與往昔大不相同，老師和家長更處於一個複雜、快速變遷的世界，他們有許多的立場及責任要分工與協調，甚至更要合作，才能共同積極幫助孩子謀取最佳福祉，這也是親職教育的概念緣由。

二、親職教育的實施方式

　　親職教育的內容端視父母的需求而定（林家興，1997）。應用社區之三級預防觀點，將親職教育以多層次的方式來實施，茲分述如下：

(一)初級預防

初級預防（primary prevention），係指在孩子尚未形成問題以及親子衝突尚未發生之前所作之預防工作，這也是兒童及少年福利與權益保障法所規範之家庭諮詢服務，其服務對象是所有家庭。至於研習之內容可以很廣，目的在於培養為人父母的知識與能力，例如，兩性關係、人際互動、夫妻相處、優生保健、兒童發展與保育、如何管教，以及家庭經營之道。上課之方式可適用團體或個人，可用演講、座談或讀書會方式來進行。

(二)次級預防

次級預防（secondary prevention），係指在孩子問題與親子衝突已發生後所作的努力，目的在於早期發現、早期解決，以避免問題的惡化；這也是兒童及少年福利所規範之家庭輔導服務，並要提供親職教育的服務，其服務對象是子女與父母已產生情緒與行為問題，而其彼此的親子關係已日益緊張，其課程除了初級預防之課程外，還需包括改善與解決問題之心理健康之諮詢與輔導服務，故內容重點偏重於親子溝通、問題解決、情緒控制，以及有效管教態度與方式等。

(三)三級預防

三級預防（tertiary prevention），係指對家庭已有嚴重的親子問題或子女已有嚴重偏差行為的家庭，這也是兒童及少年福利與權益保障法為確保維存家庭功能，為家庭所作的輔導與治療，其目的在於減少家庭失去功能，並避免作家外安置，有必要時還要對父母作強制性的輔導。

需要三級預防親職教育的父母是屬於高危險群的家庭（families at high risks），其子女可能已產生嚴重的偏差行為而導致犯罪坐監，或因父母不當管教或暴力導致兒童受虐，甚至被安置於寄養家庭或機構

作安置輔導。為了讓女子能返回原生家庭，這些父母需要更多的協助與教育。

　　三級預防親職教育的實施方式，除了包含次級預防的研究課程，他們更需要個別化的服務計畫，如個別化家庭服務計畫（Individualized Family Service Plan, IFSP），包括個別諮詢、輔導甚至於家庭（族）治療。有關親職教育的三級預防與實施方式可參考**表2-1**。

表2-1　親職教育的三級預防與實施方式

實施方式	初級預防	次級預防	三級預防
正式的研習課程 如專題演講、座談、自修	✓	✓	✓
正式的研習課程 大團體上課 小團體研習	✓ ✓	✓ ✓	✓ ✓
個別指導 家庭訪問與指導		✓ ✓	✓ ✓
心理健康服務 兒童少年福利服務 特殊教育服務		✓	✓ ✓ ✓

資料來源：林家興（1997）。《親職教育的原理與實務》。台北：心理出版社。

第三節　親職的效能

　　親職教育（parents education）是成人教育的一環，身為父母，生育與撫育是兩回事，生育容易，撫育難，事關撫育的親職須知行合一，身教、言教、境教相互配合，才能發揮教養子女的功能。自1970年代之後，親職教育變成一門顯學，其簡單的涵義是藉著教育的功能以改變父母角色的表現，也就是父母的再教育，其最終的目標是使每個家庭生活和樂、身心健康、彰顯家庭的功能。所以說來，親職教育

是確保家庭成員身心健康和保護兒童的教育。

　　過去著重父母教養風格的研究結果常用相關研究之策略，並不能完全指出父母管教風格如何影響孩子之行為，而且相關的預測力頂多在16～25%之間（也就是r在0.4～0.5之間）。當一個家庭面對外在的社區環境，例如貧窮、族群歧視及社區暴力，反而父母用嚴格的方式更能幫助孩子避免落入危險的困境。然而在家庭中，1/3的父母不是只用某一種的父母教養風格，而是採用混合的教養風格（Jenkins, Rasbash & O'Connor, 2003）。

　　有品質的父母教養是兒童照顧與教育之實務人員所關心及追尋的方向，甚至有人提議：當父母要先拿證照，尤其時下兒童受虐事件頻傳，支持父母教養薄弱，所以有些人想藉用「社會工程」（social engineering）來操縱父母的權利——身為父母。當然地，有些領有專業執照，例如保母、兒童照顧人員也時有虐童事件發生。所以說來，父母身為父母角色要先領有證照嗎？如此一來，是否會降低社會受虐事件的產生？此種制度是否剝奪少數人的人權？社會制度是否健康可保護或約束家庭？此種概念遠比父母需有證照的概念要複雜得多。

　　當代社會對新手父母的另一難題是父母皆要工作，媽媽出外工作是拚經濟或兩性角色的開放，但面對工作之後的家庭卻是傳統的性別角色，家務分配的時間，爸爸愈來愈少，媽媽愈來愈多（Cowan & Cowan, 1992），父母除了時間不同，相處方式也不同，爸爸常與孩子玩狂野嬉鬧遊戲（rough-and-tumble play）或身體互動的遊戲，扮演白臉的角色；母親則陪孩子玩益智遊戲或口語互動的遊戲，扮演教育及黑臉的角色，此種母職的延宕革命（stalled revolution），帶給出外工作的母親比父親有更多的愧疚落差（guilt gap）以及社會上給予的薪資落差（wage gap），所以在扮演親職角色，母親似乎比父親有更多的憤怒感（Ross & Van Willigen, 1996; Newman, 1999）。

　　不管社會如何變化，父母仍需肩負教養子女的主要責任，尤其是

民主的社會,「天下無不是的父母」或「天下的父母皆不是」,在不同的社會脈絡結構中,管教方法並沒有所謂最好或一直適用的方法。唯有用正向管教方式,溝通及有耐心的方法來教導及陪伴孩子的成長。基於此準則,親職教養功能,宜掌握下列之策略:

一、管理情境

父母應瞭解孩子身處的情境,而且應該管理每個孩子周遭的情境,以降低孩子的出軌行為(acting out)之誘因,有效運用管理方法,如處罰或隔離方法來調整不當行為。

二、設立清楚的規矩與界限(limit)

態度要堅持、語氣要和緩是管教子女的最高原則。父母需要清楚地告訴孩子什麼是對的,什麼是不可以做的事,善用誘導(induction)策略來將不對的行為引導至對的行為方向,而且規矩要明確,而不是以模糊的規矩,例如「不可以這」、「不可以那」,而是「在室內不要用跑的,你可以快步走路」、「不可以用石頭丟小貓」或「不能觸摸爐子,你會受傷」等。同時,不要一下子就訂定太多的規定,當孩子年齡漸長,父母可用民主溝通方式與孩子討論有關規矩與規定,雙方皆要注意傾聽對方的關心與期待,以達到雙贏(both winners)。

三、獎勵(讚賞)好的行為

行為Y理論(用鼓勵、獎賞)永遠優於X理論(責罵、處罰),尤其應用在民主的Y理論增強好的行為同時也可給父母瞭解其管教有正向的回饋。「不要盡抓小孩的小辮子,而是當孩子有好的行為表現,要適度增強及提醒他的好行為表現」。

四、使用解釋及講道理

當小孩有搗蛋行為，父母需要解釋規則及提供要小孩順從父母的好理由。溫暖且講道理的討論，這有適齡（age-appropriateness）觀點可提供父母有機會對子女表達溫暖及情感，同時也提供機會展示正確處理衝突的方法。

五、利用取消特權或暫停的處罰代替體罰

體罰孩子最要不得，不僅讓孩子害怕甚至模仿此種駕馭人的方法，孩子不能學習做對的事，而是擔心、害怕做錯事被處罰。

「暫停」或隔離可將孩子從促使非預期的行為轉移到安全及安靜的環境、反省自己的所作所為。在暫停或隔離之後（通常不超過五分鐘），可減少父母在盛怒的情境下說錯的話、做錯決策，此外，在暫停之後，父母應配合使用解釋及講道理的方式，向孩子解釋處罰原委，再轉移至所期待之對的行為，當孩子做對時，要立即給予增強及獎賞。

六、掌握「自然邏輯的結果」（natural logical results）

不要用人為的處罰方式，而是要善用自然合乎邏輯的結果，例如，孩子不吃正餐，吵著要吃零食，當父母耐下心，解釋完之後，孩子仍不吃正餐，就讓他餓一餐，讓他因犯錯而沒有正餐可吃；當孩子不做學校的功課，那就要面對學校老師的處罰。當使用「合乎邏輯的結果」，父母應有同理心，而不是站在高處旁觀的局外人；孩子不當的行為是合情合理，父母應持溫和而堅定的態度，用溝通讓孩子瞭解行為的必然後果。

善用上述的策略，可讓孩子搗蛋的行為改善。不過有時孩子搗蛋

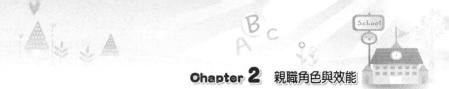

的行為是有目標的，例如引起注意、爭取權力、報復或自我放棄（郭靜晃，2005）。不過當孩子行為惡化且具危險、暴力或違法的行為，父母還是要堅持下列原則：(1)提供支持；(2)保持開放的溝通管道；(3)設定清楚且明確的規定與限制。如果行為持續惡化，家人可尋找學校諮商人員、心理學家、社工人員或其他專業人士之社會資源，這也是親職教育之社區資源的最佳用途。

參考書目

一、中文部分

內政部統計處（1999）。《中華民國八十六年台閩地區少年狀況調查報告》。

內政部兒童局（2005）。《九十四年台閩地區兒童及少年生活狀況調查報告》。

吳就君、鄭玉英（1987）。《家庭與婚姻諮商》。台北：空中大學印行。

林家興（1997）。《親職教育的原理與實務》。台北：心理出版社。

高慧芬（1998）。〈親職教育內涵〉。輯於高慧芬等著，《親職教育與實務》。台北：永大書局。

郭靜晃（2004）。《兒童少年福利與服務》。台北：揚智文化。

郭靜晃（2005）。《親職教育：理論與實務》。台北：揚智文化。

雷庚玲（1994）。〈性格與自我概念發展〉。輯於張欣戊等著，《發展心理學》。台北：空大。

蘇雪玉（1998）。〈家庭功能〉。輯於高慧芬等著，《家庭概論》。台北：國立空中大學。

鐘思嘉（2004）。《親職教育》。台北：桂冠圖書。

二、英文部分

Belsky, J., Lerner, R. M., Spanier, B. G. (1984). *The Child in the Family*. NY: Random House.

Devito, J. A. (1994). *Human Communication: The Basic Course* (6th ed). NY: Harper College Publishers.

Jenkins, J. M., Rasbash, J., & O'Conner, T. G. (2003). The role of the shared family context in differential parenting. *Developmental Psychology, 39*, 99-113.

Kadushin, A., & Martin, J. A. (1988). *Child Welfare Service* (4th ed.). NY: Macmillan.

Maccoby, E. E., & Martin, J. A. (1983). Socialization in the context of the fam-

ily: Parent-child interaction. In P. H. Mussen & E. M. Hetherington (Eds.), *Handbook of Child Psychology* (vol. 4: pp. 1-102). NY: Wiley & Sons.

Newman, D. M. (1999). *Sociology of Families.* Thousand Oaks, CA: Pine Forge Press.

Pittman, F. (1987). *Turning Points: Treating Families in Transition and Crisis.* NY: Norton.

Ross, C. E., & Van Willigen, M. (1996). Gender, parenthood, and anger. *Journal of Marriage and the Family, 58*, 572-584.

Schaefer, E. S., & Edgerton, M. (1985). Parent and child correlates of parental modernity. In E. Sigel (Ed.), *Parental Belief Systems: The Psychological Consequences for Children* (pp. 287-318). Hillsdale, NJ: Erlbaum.

Strong, B., & DeVault, C. (1992). *The Marriage and Family Experience* (5th ed.). St. Paul, MN: West.

Swick, K. J. (1987). Teacher reports on parental efficacy/ involvement relationships. *Journal of Instructional Psychology, 14*, 125-132.

White, B. L. (1988). *Educating the Infants and Toddlers.* Lexington, MA: Lexington Books.

Chapter 3

親師的合作關係

- 親師合作的必要性
- 親師合作與父母參與
- 親師合作的好處與阻礙
- 親師合作之檢討

學校是一個教育的理想場所，學校的人、事、物均具有教育功能，學生沐浴其中，及言教、身教、境教及自我教育等之成果，應可成為術德兼修的好學生。事實上不然，社會變遷中，家庭及社會可促使孩子的「反教育」，孩子身處不當的言教、身教、境教下，使其無所適從，甚至造成成長阻礙，造成教育難奏其效。

因應時代變遷、家庭結構變化，婦女出外就業、不當媒體充斥，家庭與社會所衍生及面臨的問題更甚往昔，如兒童虐待、家暴、青少年犯罪等，都是家庭功能所引起。此時，若學校可幫助父母瞭解孩子的發展、安排適宜的家庭管教風格及環境，使良好的「境教」發揮功效；此外，父母透過再教育過程，將「言教」與「身教」，讓父母能「以身作則」、「適言適語」，以達充分發揮「言教」及「身教」的功能。

親師合作（parental involvement），是教育者利用父母投入學校的互動，將學校課程延續至家中，更反映出家長及孩子之間緊密相繫關係的瞭解。換言之，學校將課程計畫的實施擴展至家中，鼓勵父母積極投入參與學校的課程計畫，以獲得更多的教學資源，並利用專業幫助父母影響孩子的成長與學習。

親職教育即是有系統、有理論的基礎方案，主要目的及用意是喚醒家長對於教育子女的關心與注意，從中協助獲得社會資源或幫助家長擔負為人父母的職責，配合學校社會及家庭提供兒童最佳成長環境，以幫助孩子的成長與發展（郭靜晃，2005）。

雖然政府在2003年通過「家庭教育法」，內文第12條規定：與學校機構切身相關者，「高級中等以下學校每學年應在正式課程外實施四小時以上家庭教育課程及活動，並應會同家長會辦理親職教育。」此項規定可說是提供學生及家長學習的最佳管道與機會。若按此規定，學校若能提供學生的父母親職教育的訓練，不但能提升父母的親職能力，也有助於其子女的成長與發展，增加更多家庭幸福的機會。

　　然而，事實上，台灣的親職教育的實施常聽到：「該來的家長皆不來，不用來的家長卻常來。」學校常運用學年開始的親師座談，或要求家長參與學校的志工服務，如導護媽媽或參與不具影響性的事務工作，當然難奏親職教育的功效。此外，社會服務團體，如托育機構、民間非營利組織也常舉辦一系列的親職教育，常常又落於靜態式的演講，導致參與者不熱烈，功效難以掌控。

第一節　親師合作的必要性

　　親職教育的目的是建立一個能讓家庭瞭解表達或瞭解自己需求的環境，而學校或支持家庭的機構更具有推展親職教育的優勢，分述如下：

1.學校為理想的教育場合，學校的人、事、物均有教育功能，家長接受其中的教育必然可收潛移默化之功效。
2.學校與家庭共同關注的是學生，家長關心孩子的成長與發展，由學校來推展，在地緣上及人情上將有助於家長參與意願。
3.學校與家庭支持機構貼近社區，是社區的文化學習及支援中心，對家長有地利之便。學校社區化、福利社區化，能兼顧社區家庭的需求，「休戚與共，共存共榮」較能建立家庭與學校或機構之良好互動關係。
4.學校及家庭支持機構可提供父母教養子女之知能，將能促進家庭關係和諧及預防孩子日後行為問題的產生。

　　然而，學校及家庭支持機構的介入也要注意社會文化對家庭的期待——教養孩子是父母的權利，而教師也覺得他們有權決定提供何種經驗給予孩子的權利也是不可侵犯的。所以常造成親師合作的阻礙，直到最近社會政策與立法倡導兒童權利，力促用法令保護兒童不

被父母或社會機構侵犯的權利。此外,與失能兒童的家長一起合作也日趨重要,美國及台灣皆立法保障失能兒童在接受評定前必須獲得家長同意,此外,失能兒童的記錄、處遇計畫也要有個別教育計畫(Individualized Education Program, IEP),強調父母與教師應參與專業人士的處遇計畫,力促失能兒童的親師合作。

此外,衝突常存於「學校與家庭」、「學校與社區」之間的關係,尤其是在較貧窮或偏遠地區的社區中,這種衝突可視爲家庭對學校的一種回應,藉以表達壓抑或自由解放與互動的工具(Lightfoot, 1978)。無論觀點如何,家長與教師可能會有錯誤的觀念,或因誤解而導致衝突,無論如何,學校必須找出方法來超越各種既存的衝突,並且依兒童的最佳利益來達到親師合作,共同尋求衝突解決的策略。

第二節　親師合作與父母參與

孩子的成長,家庭是其成爲社會人、感染社會化歷程的最主要及重要的環境。在家庭中,除了父母在受孕期間所提供的遺傳訊息外,其餘都是由其成長所接觸的自然與社會環境所影響。在孩子的成長過程中,當孩子漸漸脫離家庭,而接觸其他的社會環境(例如托育機構),於是這些環境遂成爲孩子社會化的第二重要環境。總括而論,這些環境變成孩子成長的生態系統的環境。而這些環境對孩子的社會化有親子教育(父母對孩子)及幼兒(學校)教育(老師對孩子),而家庭與學校之合作則爲親職教育(**圖3-1**)。

親職教育最早源於美國1910年代,由中產階層的父母來參與學校的活動以瞭解孩子的需求,直到1960年代,由於美國政府基於經濟機會法案(The Economic Opportunity Act)提出啓蒙計畫,尤其針對低收入戶(主要是單親的女性家長)來進行父母參與學前教育及老師積極涉入家庭教育,而使得家庭與學校的環境配合以及相互作用來促進幼

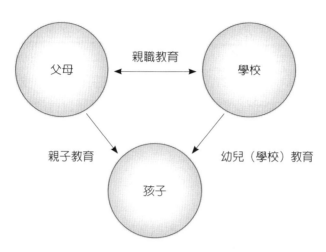

圖3-1 兒童與其社會化系統之關係

兒的學習，之後，教育學者（如Gordon）發展一些父母效能及老師效能的方案（PET及TET）來教育父母及老師相互合作，參與親職計畫，以藉著刺激孩子早期學習環境關鍵因素的改變，來改善孩子的學習機會，進而發揮智能及學習潛能。總括來說，親職教育是成人透過「再教育」，走入孩子內心世界，捕捉其生活經驗，為孩子追求優質的成長與發展的機會。親職教育適用範圍是孩子及其相關的家人，而且親職教育也應往下紮根，擴及到未結婚及已結婚並即將為人父母者之教育，包括婚前、產前之兩性及親職訓練，預先為日後之角色提早做好準備及規劃，以期日後扮演好夫妻及父母的角色。

　　相關親職教育的研究亦明白顯示，親職教育方案對於母親在教養子女的態度與行為方面有大幅改善，對其親子關係有明顯的幫助。馬里蘭大學幼兒教育及發展系（The Department of Early Childhood and Development, Univ. of Maryland）Dr. Fein專門針對父親作親職教育，有系統地設計父親參與孩子活動，參加八至十二週的成長團體之後，結果發現，父親表示更加瞭解孩子，也增加與孩子的親子關係，媽媽們更有閒暇時間（以作為母職角色的喘息），夫婦關係更加親密，更

重要的是孩子的情緒與智力發展有明顯的進步，遊戲的層次也提增很多。而其他研究也指出，父母積極參與孩子的活動可增加孩子認知能力、學業成就、考試分數及自我概念皆有長期的效果；相對地，也增加父母對孩子的瞭解及對教育感到有興趣及發展自我效能感（sense of self-efficacy）。

究竟何種親職教育方案對父母或子女而言是有效的？爲何有關親職教育的施行中，也常聽見老師抱怨：「該來的都不來，每次都是不該來的人來」；家長抱怨：「是不是孩子又做錯事？不然老師找我做什麼？」諸如此類的抱怨。親職教育早期出席率不高，也未能激發父母的參與。今日普遍實施親職教育的方式大概可分爲動態與靜態兩種方式，前者主要是以親職教育座談、親子旅遊活動、媽媽教室活動、影片欣賞活動、玩具/教學觀摩、家長會、個別親職諮商服務與輔導、親職教育研習會、演講、節慶慶祝活動；後者有家庭聯絡簿、社會資源手冊的應用、父母之親職手冊、公布欄或雜誌書刊提供、平面海報及宣傳品流通等方式。綜合上述之親職教育的方式是屬於較低層次的父母參與，只允許父母參與一些不會挑戰到老師專業見解或是學校政策權力的活動，目的是要家長參與設計好的活動，而這些活動也傾向於使父母保持距離，並從第二手資料得知孩子在學校的生活情形。

親師合作是親職教育的最高境界，換言之，親師合作最重要在於鼓勵父母的積極參與（parental active involvement or participation），並藉著共同參與學校有關政策的訂定、幫助父母如何教育、籌募基金、安排義工父母時間及提供資料，並與老師交換育兒與教育兒童的資訊，使兒童在不同的社會化及受到連續性的一般照顧的目標之下，以獲得最好的親職或較好的托育照顧。Peterson（1987）爲家長參與提供了一個實用的定義：第一，以教育性介入爲目的，並有責任爲幼兒和家長提供服務；第二，參與和兒童有關的課程活動，此一活動之目的

在於提供父母資訊及協助父母扮演自身的角色。從此定義來看，家長參與包括某些可能的服務和活動，可廣義地區分為下列四種：

1. 專業人員為父母做的或是提供給父母的事物：服務、資訊、情感支持和建議。
2. 家長為該親職計畫或專業人員所做的事：籌募基金、宣傳、倡導方案或蒐集資訊。
3. 家長與專業人員合作以作為課程延伸的事物：在家中或學校中教導或個別指導兒童。
4. 家長與親職計畫專業人員共同執行與課程有關的一般性活動：聯合活動的計畫、評估與執行，以訓練者和受訓者的身分合作，討論兒童共同興趣的活動主題，或是作為兒童的協同治療師（Peterson, 1987）。

這四種廣義的家長參與類型，從父母被動到積極主動的角色不等，因為家長的需要是多元的，所以學校必須判斷哪一種參與是教師課程所最需要。而為了更能鼓勵家長的參與，基本上，學校的課程應包括：允許隨時改變家長參與的層次及型態；個人化的風格及參與的次數應符合父母、兒童、家庭及課程所需；為了達成有建設性及有意義的結果，提供父母可選擇的活動及選擇的權利。所以，父母的參與並不是只允許父母參與一些不會挑戰到老師的專業見解或學校決策權力活動的低層次父母參與（low-level parental participation）；相對地，是要提供父母自我決策機會，並把父母當作是一可貴資源的高層次父母參與（high-level parental participation）。因此，在設計一個家長參與的計畫時，教師必須確定可以擁有來自學校及行政方面的支持，以及確定學校中有其他人樂意幫忙，當然，教師也必須確定擁有執行計畫的技巧及資源所在；能找出樂於支持及參與此計畫，並從參與中獲得成長的家長。

近年來，對於家長與計畫的重視，家長已被視為決策的參與者，而不只是教育機構的委託人。家長對於社區、學校的關切及家長要求在所有層級的教育政策制訂時，家長的意見應被充分瞭解，這也可視為父母親應擔負教育其子女的責任。

家長參與孩子的教育有其教育上、道德上及法律上的理由。顯然孩子是父母親的主要責任，家長應參與教育方面的決定。任何教育課程的成功與否，家長參與是關鍵的因素，尤其是在那些特別設計給有特別教育需求兒童的課程（Bronfenbrenner, 1974），當家長與學校成為合作的關係之後，和兒童一起合作可以超越教室空間，進而可以促進在家與在校學習獲得相互支持。

台灣今日的兒童及青少年問題日趨惡化，社會變遷是主要成因之一，其他的因素則是家庭、學校與社會的教育的環節失去配合與連貫，家長將教育的問題推給學校，學校將孩子行為問題推給社會（例如警政機關），而警政機關將孩子又送回家庭中。家長對孩子教育的觀點是多元的，誠如教師對於家長應否參與他們的教學也是多元的。有些教師認為教育兒童是他們的責任，孩子的家庭背景及家長是否參與是不重要的，所以將家庭摒除於學校之外；而其他教師則認為兒童完全由父母及家庭所塑造出，將家長與兒童視為一體，並相信家庭的幫助能使他們更有效與兒童溝通並教育他們（Lightfoot, 1978）。相關家庭背景的研究（White, 1988）皆顯示家長創造養育的環境，而且家長的教育行為也影響兒童的行為功能。此外，家長參與學校教學也影響兒童人格特質的品質，例如，正向的自我形象、樂觀的態度、正向的社會關係（Swick, 1987），以及語言的獲得、動作技能的學習及問題解決能力的提增（Pittman, 1987; Schaefer & Edgerton, 1985; Swick, 1987）。

第三節　親師合作的好處與阻礙

衝突常常成為學校和家庭、學校和社區之間關係的特色，尤其是較低收入或少數民族的社區之中。這種衝突可視為對學校的一種回應，藉以傳達壓抑和表達自由解放與互動的工具（Lightfoot, 1978）。

一、親師合作的好處

無論持何種觀點，學校必須找出方法來超越各種既有的衝突，並且依兒童最佳利益（child's best interests）來加以運用。親師合作固然是有衝突的，但是它還是有好處，其好處可分為三個層面：

(一)對孩子而言

1.減少分離焦慮及依戀之影響，增加在新學校環境的安全感。
2.增加孩子的自我價值。
3.由於父母的分享知識而使得孩子的反應及經驗的增加。

(二)對父母而言

1.對有困難照顧子女的父母提供支持。
2.獲得教養子女的知識技巧。
3.從照顧子女的回饋來獲得做父母的自尊。

(三)對老師而言

1.使得老師更瞭解孩子和更有效的與孩子相處。
2.增加自己對所選擇職業的勝利感及對教學興趣的堅持。
3.父母的資源增強老師對孩子照顧的努力。

親師合作帶給孩子父母及教師們有了正向的回饋及好的行為功

效，但是親師之間也可能有錯誤的概念，或低估彼此的技巧，或彼此生活上的壓力而導致彼此之間不能合作。

二、親師合作的障礙

父母與老師不能合作之障礙可能與人性及溝通過程所衍生的問題有關，說明如下：

(一)因人性有關的障礙

1.批評的恐懼：父母總覺得老師只會對孩子產生負向的批評，而引起個人情緒不安。

2.過度專業的恐懼：老師總說一些教養的專業術語及理論，讓家長無所適從。

3.失敗的恐懼：每次所舉辦的親職座談，出席率總是很低的。

4.差異的恐懼：老師不能設身處地為孩子來自不同家庭背景、觀點和經驗來設想，使得父母不能真誠地開放心理以獲得最終的需求滿足。

(二)因溝通過程衍生的障礙

1.對角色的反應：父母對老師角色的期待而影響合作的意願。

2.情感的反應：父母擔心孩子在老師手中，而不得不聽命老師；或個人對為人父母的罪惡感，使父母逃避讓他們有這種感覺的人。

3.雙方的憤怒：家長的壓力（例如工作時數、工作自主權、工作需求等），加上孩子表現又沒有達到父母的期望，老師又不能採納家長的意見；而老師認為工作時間長、低薪、福利少又缺乏專業的肯定，以致不願多作努力與父母接觸。

4.其他因素：其他因素如個性、時間上的配合、彼此的忙碌、親

職教育實施方式、學校管理政策等，皆影響家長與老師的合作意願。

因此，老師和家長溝通之間如有太多的不安、情緒及個人經驗，皆會造成彼此之間溝通的障礙。與其相互責備對方，不如有建設性地為他人設想，放鬆心情，以減少人和人之間的溝通障礙。

(三)藥物濫用父母之強制性親職教育參與阻礙

林家興（1997）根據Kumpfer對藥物濫用父母之強制性親職教育參與阻礙有四：

◆未能迎合父母的需求

對親職教育無知的父母，自然認為沒有必要去參加親職教育，其原因可能是：

1.費用太高。
2.交通困難。
3.托兒問題。
4.沒有時間。
5.缺乏興趣。
6.主辦單位與家長的文化差異。
7.經濟問題。
8.婚姻問題。
9.工作問題。
10.自身的問題及壓力。

◆行政上的困難

進行親職教育活動前後都須有嚴謹的行政配合，包括：

1.舉行時間的確定。

2.邀請的對象。

3.講者的接送。

4.各項事務的聯繫。

5.活動流程。

6.空間規劃。

7.人力的配置。

◆**時間安排的問題**

幼兒園所舉辦的親職活動，最頭痛是時間難以符合家長的期待與最滿意的時段，所以導致出席率低。

◆**經費問題**

活動之品質在於人與經費，經費之充沛與否，將有助於活動的安排與進行，並提升各項活動實施的品質。

三、教師與家長有效合作

Galinsky（1988）提出以下的建議提供教師和家長更有效地合作：

1.瞭解個人的期待：家長和老師應捫心自問：自己的期望為何？這些期望是否可行？對孩子好嗎？

2.瞭解家長的觀點：更具同理心思考，並能為家長設身處地著想。

3.瞭解家長的發展：如同兒童一樣，家長也會成長、發展，教師必須瞭解這種成長。

4.思考自己的態度：教師需要評估自己對家長的感覺，並且嘗試延伸到最難溝通的家長。

5.接受對立性：家長因為文化不同，可能在某些事情上和教師有

不同的意見，教師必須接納家長的不同意見。

6.獲取支持：在遇到與家長有衝突時，可以尋求自己的支持網絡，以獲得傾訴。

7.為自己的角色設定合宜的限制：與家長合作時要確立自己的角色。

8.思考自己所用的語彙：教師必須確定運用合宜的語彙來傳達正確的訊息。

9.提供不同的專門知識：教師必須建立增強家長專門知識的聯繫及訊息提供。

綜合上述，親師合作是化解家長與學校衝突的最佳策略。誠如為人父母不是一簡單的任務或角色，有效的及成功的為人父母，父母是需要成長、支持與輔導。而親職教育就是秉持這種功能，透過再教育過程，使父母角色更成功。親職教育的功能更是兒童福利體系的支持性功能，透過專業服務，支持父母成為好的及成功的父母。因此，至少親職教育應包括：提供父母瞭解獲得相關教育子女的方法與知識、協助兒童教養（包括教育的抉擇、規劃、行為問題的解決）、家庭諮商服務，以幫助家庭氣氛的建立及婚姻的問題諮商，以及替代性兒童教養服務以解決兒童受虐的問題。

教師更要瞭解在任何一個階段的教育，與家長合作是很重要的一環。教師除了對加強孩子及其家庭情況的瞭解，也必須依各種不同的目的，嘗試與家長合作的各種技巧，最重要的是，教師必須瞭解教育兒童不是一件孤立的事，為了成功地協助兒童成長，教師更需要家長的主動配合，以達成親師合作，使得親職教育功能彰顯以減少孩子的成長與發展的問題。

第四節　親師合作之檢討

如前所述，學校與家庭的價值理念差異很大，加上台灣社會變遷也衍生父母的壓力，如工作時數長、缺乏工作自主權及所需資源、缺乏社會支持；而教師的本位主義也可能低估家長的技巧、生活壓力等。諸此種種，可能造成學校與家長之間的誤解，又缺乏溝通管道，使得親師之間不容易合作，其原因可能有（胡玫萍，2007）：

一、學校方面

1. 缺乏長期教育：每學期只辦一、二次親職教育活動，有如蜻蜓點水。學校的親職教育停留在短期點的階段，缺乏長期全面的規劃。

2. 缺乏系統化目標與內容：多數學校舉辦演講或座談會，缺乏短、中、長期目標。內容上，未能針對各學年家長或配合學生的不同問題而設計，導致活動主題易重複，缺乏吸引力。

3. 缺乏預防教育：推展親職教育對象只針對已為人父母者，未將實施對象延伸到學生本身，讓學生作好為人父母的準備。

4. 缺乏成效評鑑：缺乏評鑑機制，缺乏整體規劃、評估、回饋。無從瞭解活動的利弊得失，作為下次舉辦活動的修正依據。

5. 實施親職教育人力不足：偏遠小校人力資源有限，面對學校親職教育顯現人力不足，學校內每位教師平日忙於教學工作，親職教育無專人策劃並做充分準備。學校推展親職教育除了行政人員、級任老師及科任老師，對於學校內任何活動、主題推展都需全面動起來，只有少數人推動難收良好成效。

6. 經費不夠：申請補助經費不足，無法多編印資料或安排活動。

二、家長方面

1. 家長的親職功能愈低者，參與親職教育活動的意願愈低：這類家長擔心被學校標籤化，若子女在校的學業成績不佳、適應不良、違規犯過，參與學校活動則更是興趣缺缺。

2. 家長教育程度或社經地位高過於教師者，其參加的意願低：這類家長心存優越感，雖其教養子女的方法或態度有所不當，也未必願意接受教師的建議，因此難以改變家長的觀念或態度。

3. 任何改變非一蹴可幾，需投注長期時間與精力：某些家長忙於生計，無暇與學校長期密切配合。學校應為這類家長提供長期再教育，設計較持續性而長遠的親職教育活動。

4. 家長的異質性：父母的教育程度、人格特質、職業等的異質性大，不易針對家長不同的親職需求提供合宜的親職教育。

5. 家長參加意願不高：內容未符合家長需求，成效不彰，影響後續家長參加之意願。

6. 提升學校與幼稚園人際互動：未與附近幼稚園相結合，提升學校與幼稚園人際互動，家長參加學校親職活動，有待宣傳邀約。

7. 備有交通車接送：地處偏遠，地廣人稀分散各地，遇有活動若有交通車接送，將有效促進參與率。

　　胡玫萍（2007）在其推展親師合作之實務方案操作下，認為：在學校推展親職教育之過程中，學校的立場是以如朋友般「陪伴」的角色，來協助家長順利完成親職上的責任及克服親職上的困難，並教導家長能採「陪伴」的方式來參與子女的成長過程，促使家長能成為優質父母，子女亦能成為健全的下一代，故學校推展親職教育之願景是為創造一個「優質親子伴棒堂」。而於這樣的願景之下，學校推展親

職教育的具體目標及發展方向如下所述：

第一，打造學校成為親子快樂學習的殿堂。

利用學校原有的軟、硬體設備及資源，以提供家長親職教育上所需的相關知識、協助與課程等，讓家長能有機會獲得與練習所學的新知，並讓學生及家長能在學校所提供的一系列親職教育課程裡，彼此快樂地成長，讓學校成為提供親子快樂學習的場所。

第二，提升家長親職教育知能，強化家庭教育功能，以培養健全的國民。

學校提供家長親職教育上的知能，協助家長強化其家庭教育的功能，讓家長欲落實其親職責任與義務時，能更為有效地進行並完成其親職上的教育，而順利培養其健全的下一代。

第三，增強學校與社區間的溝通及聯繫，發揮學校社區化的親職教育功能。

學校利用不同的方式及管道，來強化學校與社區間的溝通及聯繫，讓學校與社區在宣導學校親職教育活動及課程時的聯繫上，沒有任何阻礙或困難。此外，也讓社區於親職教育上的需求能順利傳達於學校，讓學校能隨時精確地掌握社區的親職需求，以求彼此間能達到有效溝通及互動，讓學校成為社區的親職教育場所，進而發揮學校社區化的親職教育功能。

在考量學校教育政策並顧及學生家長之需求的原則下，推展親職教育之策略，分述如下：

1.對家長進行需求評估，根據不同需求來規劃適宜的課程與活動。
2.親職教育活動的實施多元化、優質化，吸引親子共學。
3.積極營造政商人脈良好關係，爭取各方資源的協助與配合。
4.招募教育程度較高的家長組成志工團，培訓親職教育志工。
5.運用家長委員會、校友會、志工以增加人力，加強教育宣導。

參考書目

一、中文部分

林家興（1997）。《親職教育的原理與實務》。台北：心理出版社。

胡玫萍（2007）。〈華南國民小學推展學校親職教育方案〉。《網路社會學通訊》，第62期，http://www.nhu.edu.tw/~society/e-j/62/62-30.htm。

郭靜晃（2005）。《親職教育：理論與實務》。台北：揚智文化。

二、英文部分

Bronfenbrenner, U. (1974). A report on longitudinal evaluations of preschool programs: Is early intervention effective? Washington, DC: US, Department of Health, Education and Welfare.

Galinsky, E. (1988). Parents and teacher-caregivers: Sources of tension, sources of support. *Young Children, 43*(3), 4-12.

Kumpfer, K. L. (1991). How to get hard-to-reach parents involved in parenting programs. In Office for Substance Abuse Prevention (Ed.), *Parenting Training in Prevention* (pp. 87-95). Washington DC: Government Printing Office.

Lightfoot, S. L. (1978). *Worlds Apart: Relationship Between Families and Schools*. NY: Basic Books.

Peterson, N. L. (1987). *Early Intervention for Handicapped Children and At-risk Children: An Introduction to Early Childhood Special Education*. Denver: Cove.

Pittman, F. (1987). *Turning Points: Treating Families in Transition and Crisis*. NY: Norton.

Schaefer, E. S., & Edgerton, M. (1985). Parent and child correlates of parental modernity. In I. Sigel (Ed.), *Parental Belief Systems: The Psychological Consequences for Children* (pp. 287-318). Hillsdale, NJ: Erlbaum.

Swick, K. J. (1987). Teacher reports on parental efficacy/involvement relationships. *Journal of Instructional Psychology, 14*, 125-132.

White, B. (1988). *Educating Infants and Toddlers*. Lexington, MA: Lexington Books.

Chapter 4

親師合作實施策略

- 發展與家長合作的技巧
- 如何建立以家庭為本位的親師合作方案
- 托兒所實施親師合作之實例

家長參與（parental involvement）又稱爲親師合作，係指希望家長主動參與學校或班級的運作，此模式在美國的實務上的發現存在有很大的差異性，有些家長在整個方案涉入很熱烈；有些只關心講師陣容；有些家長在團體討論有相當多的涉入；有些家長只是勉強配合，居於被動的狀態（Powell, 1986）。

家長參與對美國啓蒙方案（Head Start）及幼兒學校而言是相當重要的一環，家長被邀請當志工，到班上講故事，一對一的指導工作，幫助教學，運用家長專長的知能來豐富整個幼兒教育課程。

在任何教育計畫中，資訊應由教師及家長分享。家長可以學習他們孩子的課程及個別的歷程，家長也可以獲取兒童成長、發展的理論，學習一些可以用來幫忙孩子的相關事物。同樣地，教師也需要兒童背景和在家行爲的資訊來增進他們對兒童在校行爲的認識，這種資訊可以用來爲每一個兒童設計更好的教育課程。

在幫助親子互動方面，有許多方法可以應用。有些課程是以有系統、有組織的方法來教導家長與孩子合作（Becker, 1974; Linde & Kopp, 1973），而有些設計則是用來幫助家長發展他們的洞察力，以瞭解兒童行爲的原因（Ginott, 1971; Gordon, 1970）。同時也有些課程提供經驗以協助親子之間的最佳互動（Gordon, Guinagh & Jester, 1972; Sparling & Lewis, 1979）。另外一種家長參與的方法爲家長可以加入諮詢團體、在教室中幫忙或參與製作該課程的教具。

家長的積極參與無疑地會產生一些幫助及利益。家長可以爲班上提供一些才藝，而這些才藝通常是未被開發的。許多家長擁有與其職業、嗜好、特殊背景及興趣有關的特殊技巧或知識，家長也可以藉由提供如包裝紙、廢衣物、蛋盒、紙管及其他在家中可找得到的物品，來增強學校所提供的教學資源，這些東西可以應用在許多不同的班級活動中。

家長可以在班級中擔任助手，不管是固定的時間，或是爲了某些

特別的課程，或是戶外教學時，每個孩子會受到更多個別的注意。在教室中，家長可以協助課程、打掃清理、觀察及一對一指導有特殊需要的兒童。另外，家長的參與可提供需要發展人際關係技巧的兒童更多和成人相處的機會，這是很重要的，特別是對那些失能兒童。

家長參與課程的第一步應讓他們參與決策。在決策的過程中，他們可以從教職員處獲得更多對於一般兒童的資訊及建議，尤其是針對他們自己的孩子。

在主動及積極地參與一段時間以後，有些家長會提出參與課程時的困難，例如，突然從活動中被孤立，或抱怨一些瑣碎的事（例如他們的孩子衣服上沾染太多的顏料）。當學校教職員因家長認為每件事都不對勁而有挫折感時，家長可能會向教師抱怨或表現出疏遠及敵意。為了要幫助家長建立對他們自己、他們的孩子及課程相關人員有合理可行的期望，教師必須不斷地指出孩子的長處及家長們的技巧。

一旦家長認識這個課程並且覺得它不錯時，他們可以成為很好的公關資源，提供給社區大眾知道學校中的孩子們在做些什麼事，他們也可以成為學校課程的有效宣導者。在許多個案中，家長常負起修改與兒童有關的政策或法令的直接責任，尤其是關於殘障兒童的政策或法令。他們經由和學校委員會、諮詢委員會及州政府、聯邦政府的立法機構來達成此目的（Lillie, 1974）。

當家長參與班級活動時，教師應提供仔細的督導或為參與家長舉辦說明會，藉此可以減少可能的誤解。家長必須知道在教室和學校的不同區域中，每天的活動流程與規則，以及兒童被期望的行為模式，同時也必須告知家長參與課程活動的特定責任。如果有多數的家長參與此一課程時，則印製一本包含這些訊息的家長手冊會是有幫助的。

教師應該督導參與此課程的家長們，追蹤他們的行為或是盡量地做記錄，以供後來的評鑑會議使用。家長和教師每隔一段時間就該回顧他們所做過的工作，教師應不吝給予讚美及支持，同時也須針對改

進實務工作提供小心仔細的評論及忠告。當家長持續和教師合作時，他們的責任領域及自由的範疇也會漸漸增加。

第一節　發展與家長合作的技巧

與家長合作時，教師需要具備長期的計畫、面談及課程指導的技巧，以及與小團體或大團體一起活動的能力。同時，教師也必須在與家長合作時，能發展出正確評估及記錄其結果的技巧。以下將介紹有關如何與家長合作之技巧，分述如下：

一、計畫

教師必須清楚地瞭解與家長接觸的目的及可用的資源，並且能夠經由家長活動的結果去思考，最重要的是要能把家長活動及其特定目的兩者結合在一起。

譬如教師希望能委派一名家長去社會機構請求協助，則教師必須在不脅迫的狀況下傳達出此項需求，他們必須清楚社會機構的名稱及住址，並且知道該如何申請。如果教師希望將家長列入幫助班上某位兒童的行為問題的名單之中，則他們必須擁有該名兒童的行為觀察紀錄。

計畫一個全年性的家長參與活動（可參考第九章之案例說明），可讓教師平衡地與各種家長接觸，會議也可在不打擾學校行政與家庭傳統（如節慶）的情況下事先排定時間，此外，教師也可以對家長參與活動的需要預做準備。若即將舉行會議，則應事先蒐集兒童課程活動的作品及與學校表現相關的行為紀錄。

在計畫團體會議時，教師應考慮到該活動的內容、安排所需的演講者或是影片，並且安排人員負責某些特定的事務，例如，接待或清掃，以確保整個會議進行順利。

　　舉辦會議需要提供合宜的場地，一個大型會議也許需要學校的禮堂或是多功能的教室；班上的家長會／母姐會則可以在放學之後，於教室中布置一些桌椅即可舉行；而與單一家長會談時最好選在免於受到打擾的安靜地方；至於工作會議，如木工、縫紉等則需要特別的設備及場所。另外，教師有必要設計一個放置家長布告欄的空間或展示書籍的地方。

二、資訊分享

　　與家長分享關於兒童資訊的方法有許多種，但是沒有一種分享訊息的方式是令人完全滿意的。愈是特別、描述愈詳盡的報告，相對地需要更多的時間來完成，而教師常在採用的方式上陷於兩難的情況。結合各種形式的個別報告也許能提供一個最佳平衡。

　　教學評鑑表或成績單的一部分是向家長報告其孩子在學校中的進步歷程。對於聯絡簿、信函及個別會談有更詳盡的討論。在報告時，教師必須確定家長瞭解該課程的目標及評量其孩子進步歷程所使用的方法。逃避負面的報告可能無益處，應定期而誠實地告知家長。

　　描述性的信件是和家長分享兒童訊息的一種方法。信件比聯絡簿或檢核表更能提供兒童成就上質方面的溝通，因為它們能夠完整地描述兒童的活動。因此，在給家長的信件中，可以仔細描述兒童的學習態度、與其他兒童互動的模式、兒童所閱讀的書籍及兒童所使用的教材，信中亦可包含特殊事件的描述。

　　聯絡簿和個別信件是和家長分享特定個體的訊息，而簡訊則可用來分享一些所有家長都感興趣的資訊，它們可以描述一些家長們有興趣的偶發事件或班級活動。

　　簡訊也許可以在每學期末、每一季末或每個月底寄到家中，次數的多寡可依教師足以花在這上面的時間及他們所能獲得的幫助而定。簡訊也可以描述特殊事件（例如戶外教學或專業人士來訪）、現在正

在進行的特殊活動（例如在營養單元中的烹飪經驗；也可以是某位教職員的人物特寫，描述其學術背景、專業經驗；也可以是與家庭、興趣或旅行有關的個人資訊等）。描述某位兒童的作品或活動的小插圖或小品文亦可放於簡訊之中，而這些小插圖或小品文的作者，應在一年的某段時間中含括每一個孩子。社區中發生的事、學校中的活動、關於文章或書籍的報告可能都會引起家長的興趣，關於社區資源的訊息、需要教材支援或需要家長到班上幫忙的訊息也可以作為簡訊中的內容。

報告學童的進步歷程通常只是一種單向溝通，藉由會議面對面向家長傳達，或透過書面描述兒童的表現，家長和教師都可交換有關於兒童的訊息，而這些訊息不一定是要和兒童的進步歷程有關，例如，兒童參與活動的程度或是兒童社會互動的範圍。教師常由許多托兒所、幼稚園在入學前所要求填寫的申請表中，得到許多關於兒童的有用資訊，在此表中，兒童的健康資料及發展背景也是必需的。

三、親師座談

在幼兒教育課程中，與家長溝通是必需的。家長們需要並且想要從學校的觀點來瞭解他們的孩子，同時學校亦因家長的付出而有收穫，座談會讓教師更加瞭解兒童，並且做出更多啟發性的決定。親師座談會是溝通過程中必備的要素，一個成功的會議為高品質的幼教課程建立了基礎（**專欄4-1**）。

在開學時及學年中的個別會談，讓家長和教師分享關於他們孩子的訊息，並且能夠協助家長解答關於兒童行為的特定問題，因為對一個兒童而言是具有意義的事情，但對另外一個兒童也許是不相關的。

教師利用座談會向家長們報告他們孩子的進步狀況，如同**表4-1**所呈現出的報告即可作為會議的良好基礎，他們也可以在表的右欄做簡短的記錄以供座談時使用。

專欄4-1 **親師座談會指導方針**

一、事前準備

熟悉與兒童及其家庭有關的資訊並蒐集兒童具代表性的作品。

二、邀請家長

寄發關於會議訊息的通知給家長，說明會議的目的以及建議家長在會前應先思考的事項。這項事前準備可降低家長對於會議的不安程度。

三、創造一個合宜的會議環境

布置使家長覺得舒適的室內環境，舉例來說，為家長布置一些成人尺寸的桌椅會比坐在兒童桌椅後面面對老師的感覺要舒服得多。在會議中，教師應該試著：

1.讓家長感到舒適、放鬆及被需要。
2.運用家長的語言而不要用教育的專門術語和家長溝通。
3.強調兒童正面的特質。
4.關於如何在家中幫助他們的孩子，應給家長正確的建議。

四、在會後能夠追蹤並貫徹到底

在家長離開之後，立即仔細地做會議紀錄，包含雙方所做的建議及所提出的問題。教師應立即追蹤待答的問題或是他們對家長所做的承諾，例如，知會有關的機構、排定另一場會議、打電話、家庭訪問、書面報告或是寫給家長的非正式信函。

五、分發評量表

徵求關於會議形式及與家長非正式日常對談的建議（Allen, 1990; Bjorklund & Burger, 1987）。

資料來源：郭靜晃、陳正乾譯（1998）。《幼兒教育》。台北：揚智文化。

表4-1　給家長的兒童發展進程報告

發展目標	進程	備註
◎社會情緒方面 　兒童自立觀念、自發性及信心的發展是在學齡前階段一項非常重要的工作。這些特徵使兒童對自己感到滿意且影響他們和其他兒童、成人的相處能力。兒童也必須發展應付恐懼及挫折的能力，並表現出欲完成工作的毅力。		
◎認知方面 　在學齡前階段兒童的思考歷程發展中，包含了出現有趣的點子、探索問題、串聯想法或物品間的關係，以及利用各種不同方法表達想法。兒童經由主動和環境互動而學習。		
◎動作技能方面 　動作技能方面的發展讓兒童注意到他們處於空間裡的身體，他們的身體如何運動及這些動作對於環境的影響。兒童也需要發展大、小肌肉協調的機會。		

資料來源：Bjorklund & Burger (1987).

　　當教師對某位兒童抱持疑問時，分享性的座談特別有用，由家長提供的資訊也許可以幫忙解釋兒童行為的改變。同樣地，家長也可從教師提供的資訊中修正他們在家中照料兒童的方法。如果家長及教師兩者皆關注兒童的福利，則訊息分享座談可以提供一個互惠關係的開始，這樣的會議很容易就演變成解決問題的集會。

四、共同解決問題的會議

　　在許多家庭中，兒童在上學以前並沒有太多和其他同齡兒童接觸的機會，有時候父母對他們的孩子會有某些要求，但並沒有機會將他們與其同處於類似發展階段的兒童們做一比較。

　　兒童隨著上學及面對一連串的要求，可能會突然帶來許多的行為問題。當新的壓力加諸於兒童身上時，聽力喪失、視力不佳或其他問題都有可能出現，偶爾家庭情況的改變，如離婚、新生兒的到來或搬到另一個新社區都有可能導致問題發生。資訊分享、提出應付問題的方法、在家中和在學校中對待兒童的一致態度等，對於解決困難問題

大有助益。在幫助父母應付這些問題時，教師可以扮演一個決定性的角色，因為教師是家長最常接觸的專業人士。

教師並非心理學家、社工人員或諮詢專家，從最廣泛的角度來說，教師是兒童發展專家，然而教師必須找到方法來協助家長察覺問題並加以處理。有時候，喝杯咖啡時的閒聊就足夠，而有時候則需要與相關機構做一連串的諮詢。教師必須謹慎地不要超越教育人員角色的界線，有時他們必須把問題交給更專業的人。教師應熟悉社區中為兒童和為家庭服務的機構及尋求他們幫助時的程序，許多學校都有附屬的人員，如輔導人員、家庭協調者等專家能幫助家長和教師應付及解決問題。

雖然委託是教師能做的一項顯著貢獻，然而他們所能提供的個人支持之重要性也不該被低估。如何進行順利的會議可參考**專欄4-2**。

五、會談

與家長會談得以讓教師蒐集及提供資訊。教師在晤談的過程中應讓家長感到自在，例如，可以供應一些咖啡或先談談學校一般的事項以建立融洽的關係，但是要注意不該花太多時間在準備階段。

為了獲得想要的訊息及含括所有的重點，教師可以利用摘要式晤談的方法。此一方法的使用應保持彈性，以確保會談目的得以達成。

教師必須學習如何傾聽家長訴說，對他們的感覺及他們所欲溝通的訊息能夠敏銳察覺：教師應該仔細地傾聽家長所傳達的訊息，並在合宜的時間作出立即的回應，以幫助家長針對自身孩子的問題找出符合實際需求的解決之道。

雖然有時候提供建議是件容易的事，但教師的忠告必須對特定的狀況具有特別的意義及關聯性。如果一個孩子在家中應該有人閱讀給他聽，教師應協助家長尋找書籍來源或幫他們取得書籍，教師也應幫助家長學習一些閱讀時的技巧，使孩子能從中受益。

專欄4-2　順利進行會議的計畫

1. 心胸開放（不要預設立場或下結論）。
2. 傾聽家長訴說。
3. 表現出你的關心及喜悅。
4. 準備隨手可得的、實際的紀錄（如測驗、作業範本、趣聞軼事等）。
5. 討論合理的期望。
6. 確認問題（如果有的話）。
7. 協議包含每個人的行動計畫，例如：我們如何才能滿足這個兒童的需求？
8. 追蹤該計畫：何時？何地？如何做？
9. 如果你告知家長測驗的成績，記得告訴他們這只是教育中的一環而已，測驗是用來比較該名兒童和其他同齡兒童學習歷程的分數，情緒發展、學習態度、動機、同儕關係、特殊才藝及自我印象也是很重要的。讓家長看測驗卷的影印本。
10. 記得運用能夠支援你的人員（如果你需要他們的話）。
11. 告知家長其子女的優點、缺點及遊戲方式。

資料來源：郭靜晃、陳正乾譯（1998）。《幼兒教育》。台北：揚智文化。

六、家庭訪問

　　家庭訪問有許多優點，在家中的會面會比在學校中的會議讓家長更能自在地談話，除此之外，教師可以藉此瞭解兒童的家庭環境，甚至更進一步瞭解該名兒童。家庭訪問對無法在上學時間內來到學校的

家長們也比較方便。

如果要使家庭訪問具有影響力，強迫性的家庭訪問可能會招致敵意。教師也許可以提出一些日期及時間使得家庭訪問能在雙方皆方便的時間進行，教師在沒有事先告知的狀況下便做家庭訪問是不當的行為，這樣的行為會破壞建立合作關係的希望。

家庭訪問的目的與舉行座談會的目的是一樣的，目的皆在於分享資訊及解決問題，當教師嘗試建立友善的社會關係時應小心地達成這些目的。

七、非正式接觸

與家長們非正式接觸的機會有很多，如兒童們到校及離校的時候、家長聯誼會上及邀請家長參與戶外教學時，在這些場合中，教師應傳達給家長友善的感覺及對兒童的關心。與家長保持距離或是鄙視他們的言語，都會破壞在其他家長活動中所欲建立的關係。

教師也可於上述場合舉行小型會談——在這種簡短而非正式的時段中，可以應付較小的問題或是可以很容易地獲取資訊。教師應鼓勵家長進行意見交換，但須小心不要太過投入與家長的談話，而忽略他們應該與兒童在一起的時間。

八、家長會議

通常教師必須面對一群家長，而非單一個家長。教師常被要求主導計畫、引導家長會，或是被視為由家長自行舉辦的會議中所邀請的專業人員。

教師與家長首度接觸通常是在兒童上學以前學校所舉行的說明會，這個說明會的目的是向家長和兒童傳達學校教學的方向及目的等訊息。如果家長沒有送小孩上學的經驗，這種資訊是相當重要的，這樣的

說明會可以用來提供家長資訊，使他們和他們的孩子瞭解學校的期望。

教師必須仔細而小心地向家長及兒童傳達學校是個歡迎他們的友善地方，教師應利用時間和家長非正式地閒聊，並使家長們有機會熟識彼此。如果資訊能夠印在簡單的小冊子或傳單上，可以減少說明時間，而有更多的會議時間用來建立與家長間的和諧關係，在會議時間誦讀一些家長們可以輕易自行閱讀的資料是一種浪費時間的行為。

在學年之中，教師也許需要召開其他的會議來討論課程、發表展示兒童們的作品，並回答家長們關於兒童所正在進行相關課程的問題。正因這些會議和他們的孩子直接相關，所以家長們很願意參與，在安排時間時應注意到以多數家長皆能參加會議的時間為宜，教師也許需要提供非正式的托兒服務安排，以使得兒童能跟隨家長來參加會議並確保出席率。

大多數的學校都有正式的家長會或親師座談會以整合全校的家長，它規劃著整學年的定期會議及社會性活動。雖然這種會議的責任通常操之於家長委員們的手中，教師也可能應邀於會議中演講或擔任諮詢人員。

教師參與此種會議對於與家庭建立親密的聯繫關係而言是重要的，在這種場合中的簡短談話通常比在冗長會議中的演講更能建立良好的關係。

第二節　如何建立以家庭為本位的親師合作方案

教師與家長之間的溝通與合作必須是雙向的，他們彼此之間分享資訊並相互學習對孩子最有利的事物（Siperstein & Bak, 1988）。Brim（1965）提出了傑出家長教育課程的幾個主要目標：讓家長更能意識

到他們的功能、讓家長更具自主性及創造性、促進家長獨立的判斷力及增進其身為家長的理性表現。這些目標對於幼兒教育而言也是合宜的，就如同教師希望兒童們能變得更有自主性、更具創造力、更有自我意識、對於他們的判斷及表現能更理性；同樣地，教師也期待家長們能夠如此。兒童和成人發展階段的差異在於他們需要以不同的方式及不同的社會角色突顯這些目標。為了協助家長的自主性、理性、創造力及能力，教師和家長之間不該是指示命令的關係，而應是互助的關係。

通常教師認為透過家長課程可以為家長做某些事而改變他們的機會，相對地，在一個優良的家長課程之中，家長也可以影響教師及可能讓學校改變的機會。家長課程可以打開許多新的溝通管道；不見得一定是交換資訊，有時也可以有一些建設性的批評；當家長擁有更多關於學校的知識時，他們會提供更多富建設性的批評。

事實上，家長的評斷可作為課程效能的另一項資訊來源。在做關於學校的決策時，家長的反應應該與其他資料共同被列入考慮，而教師對於家長的意見及批評也應採納。改變不應只是用來作為安撫家長的手段，教師在其專業角色中應有足夠的能力去判斷在學校中的行為，及堅持他們認為是專業運作的課程。

計畫未來家長課程的人員其主要任務是使課程內容及建構能符合家長的需求及特質，除此之外，家長態度的改變也應被瞭解。舉例來說，教師必須知道當家長對於孩子的發展期望與他們所接收到的資訊相衝突時，家長如何應對，如此他們才可以協助家長改變其信念及做法，並增強他們對新觀念的接受能力。

家長教育及支援課程是幼兒教育領域中日漸突出的部分，並且深深吸引美國及我國社會的興趣。日益增加的課程數量應含括廣泛的興趣，及追求高品質的課程內容（Powell, 1986）。

一般而言，強化家庭、以家庭為本位的親職教育方案有以下的一

些做法，茲說明如下：

一、家長教育課程

自1960年代以來，為貧窮及少數民族所設計的研究及發展的課程中，已經相當重視家長參與幼兒教育的重要性。同樣地，許多其他由聯邦政府資助的方案也指示家長參與為方案中的必要條件。此種參與通常以家長教育的形式存在，意即幫助家長加深對兒童發展的瞭解，並教導家長教育、養育他們孩子的新做法。家長們也在班級中幫忙，亦可經由家長委員會和其他機構來參與決策的過程，並在決定他們孩子的教育課程及選擇師資時表達他們的意見。

許多學校提供正式或非正式的家長教育課程，這些課程從高度計畫的課程（如教授關於兒童的成長與發展、育兒實務、理家技巧），到由家長們自行決定活動內容的非正式社團活動都有，而更有其他的課程將焦點放在團體學習歷程及家長互動，而非其他實質上的內容。近來，在企圖幫助家長有效負起育兒責任方面的課程有急遽增加的趨勢，課程進行的技巧從團體討論、歡迎隨時參加的非正式社交聚會，到以家庭為根本的介入活動都有（Powell, 1986）。

Honig（1982: 427）指出，家長的「權利法案」可提供作為家長教育課程的基礎，其包含以下的權利：

1.關於兒童發展的知識——在情感方面和認知方面兼具。
2.更有效的觀察技巧。
3.預防問題及建立紀律的選擇性策略。
4.如何運用使家庭成為兒童學習經驗場所的知識。
5.運用語言工具及閱讀故事的技巧。
6.對擔任他們孩子最重要的童年教師的瞭解。

有些由家長合辦的托兒所，要求家長上家長教育課程以作為他們

 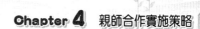

孩子註冊上學的先決條件。在社會福利制度上興辦托兒所、為瀕臨危險中家庭所興辦的托兒所、親子中心及「啓蒙方案」等都包含有許多的家長參與課程，而有時候家長們也會在班上花費數小時的時間，且對這些課程而言，家長圖書館可以是一個強而有力的補助。

　　家長的教育及支援課程會隨著每一個幼兒課程而改變。舉例來說，Powell（1986）比較了這些課程的差異，而這些差異如**專欄4-3**所示；差異亦存在於專家、助手及義工等角色以及課程長度（一週或一年）和情境之間（教學中心或家庭式的）。

專欄4-3　選擇性的家長課程

一、課程之目標A

1. 重視家庭與社區。
2. 指定與兒童有關的特定技巧及做法。
3. 向家長宣導兒童發展的資料。
4. 提供課程結構。
5. 視教職員為兒童發展專家。

二、課程之目標B

1. 教導家長激發他們孩子正向發展的方法。
2. 幫助家長決定對兒童最有益的事。
3. 助長課程參與者之間的支援關係。
4. 允許家長選擇他們想要參加的活動。
5. 在教師非導引式的從旁協助中堅持自助的模式。

資料來源：郭靜晃、陳正乾譯（1998）。《幼兒教育》。台北：揚智文化。

許多家長教育課程教導家長特殊的方法，以協助他們孩子在校學習智力及語言。課程可以建立家長行為的模式，例如，讓兒童參與討論、向兒童傳達家長行動的意義、大聲地閱讀簡單的故事、在家中提供教學活動及教具等。這些特定的方法通常是直接教給家長，在教師監督之下，讓家長練習使用。有時候一些成套的教具也租借給家長，使家長能在家中和孩子一起使用。教養嬰兒與教養幼兒所承受的壓力是一樣的，最後家中所有的孩子都會被家長所學影響。

許多家長教育課程都是以家為根本，家長教育專家在家中直接與他們的當事者合作。這些課程通常為教育專家的職前訓練和指導家長做準備，教育專家提供家長特定的指引，並且常示範與兒童在一起時的活動給家長看。另外，提供給低收入家長的課程通常相當依賴擔任訓練角色的專業人員的助手，而為失能兒童家長所提供的課程則主要利用專業人員的協助。家長教育專家通常要負責評鑑兒童的進步歷程並為兒童活動做諮詢。

二、家長支援系統

在連接家庭和學校之間，給家長的社會性支持是很重要的。所謂社會網絡乃意指個體與親密同儕的生活圈，或對個體而言具有意義的一群朋友、家人或工作夥伴（Hall & Wellman, 1985）。來自於網絡的支援依照其大小而有直接的不同，較大的網絡具有較佳的支援（Hall & Wellman, 1985; Vaux, 1988）。網絡的密度也影響到個體運用網絡支援的效率，通常密度較高、結合更緊密的網絡比密度較低的網絡更具有影響力（Gottlieb & Pancer, 1988）。同質性較少的網絡使得複雜的問題解決（如職業研究等）變得更容易處理（Granovetter, 1974）。

社會支援的型態與家長行為之間的關係顯示，情感方面的支持可提升家長接受他們的孩子及對他們孩子有所回應的能力，與他們現今的生活情形無關。當家長遭遇壓力，例如，升格當父母親、面臨有發

展危機的兒童或是目前有問題的嬰兒等，直接與壓力來源有關的支援體系可以提升家長表現、處理及解決問題的能力（Stevens, 1991）。

社會支援系統經由資訊支援、情感支持的交換或有形的援助而影響家長教育子女的做法。網絡的成員經由示範、增強及直接教導而影響家長的育兒信念及策略，這些機制更影響了年輕父母的行為（Stevens, 1988; Stevens & Bakeman, 1990）。在示範上，不管是否為刻意的，照顧者表現出與幼兒相處的各種方式；增強為給予讚美，它可以是口頭或非口頭式的，或是其他的報酬，例如，食物、一趟旅行或一個活動；在直接教導方面，照顧者告訴被照顧者一些事、指出某個行為、事件或現象，並告訴他們其重要性。

訓練、解釋及評鑑是另外三種用來教導他人的方法（Stevens, 1991）。訓練是直接而具有入侵性的，通常是傳達成人的行為、促使其他成人去做某件事或以特定的方式來做。解釋通常是非直接的，較不具入侵性但同樣具有積極指導性，並且常以評論兒童的行為呈現。評鑑也是非直接的，但常評論物質環境的因素而較少評論成人或兒童的行為。這些策略皆能傳遞關於理解兒童的知識及如何管教的知識。

三、以家庭為中心的幼兒課程

近來，已經出現由家庭支援的課程及以家庭為中心的幼兒課程，他們最初的委託者是成人及幼兒的家長們（Kagan, Powell, Weissbourd & Zigler, 1987; Galinsky & Weissbourd, 1992）。這些以社區為基礎的課程，不斷地教育及支援家長，使他們成為一個對社會有用及對兒童提供照護的人。這些課程賦予家長能力並提升他們之間的依存關係，而非增進他們的無助感與依賴心（Weissbourd & Kagan, 1989）。上述這些課程目的是經由下列方式來達成：家長教育及支援團體、家庭訪問、參與服務、電話熱線及語音服務（不是立即回應的）、資訊及參考資料、圖書借閱、健康營養服務及於家長去中心參與時提供托兒服

務。在明尼蘇達、密蘇里、南卡羅萊納、肯塔基、馬里蘭、康乃迪克及奧克拉荷馬等州,這種由家庭支援的課程已經成為由州輔助的幼兒課程中重要的組成元素(Weiss, 1990)。

Weissbourd和Kagan(1989)提到成為幼兒課程中服務基礎的四個準則:

1. 課程的長期目標是以預防取代治療。
2. 家庭,包含家長與兒童,是主要的服務對象。
3. 服務要考慮到每個家長的發展特徵。
4. 社會支援被認為是對個體具有普遍的益處,特別是在生活的轉變中,例如,升格為父母親、兒童上學的轉變、家長回歸職場的轉變。

四、家庭集會

增進彼此的知識及瞭解的方法之一是舉行家庭集會,它包含各種不同的形式,如大型的團體報告、小型的研習會等(Kerr & Darling, 1988)。特殊的大型團體報告可用以提供家長們特別感興趣的主題資訊,主題可從應付家庭中的壓力、促進家庭溝通到提供校外活動給兒童以協助他們成功活用學校經驗。

家庭集會的核心在於依據家庭興趣所舉辦的展覽及活動,多樣的活動中心使家庭可選擇他們想要參與的活動,而促使家庭中更多的成員加入及參與。家長及祖父母參與木屐舞、方塊舞、抄寫編輯、編織或雕刻,他們也可參與活動中心的經營,以提供與其他家庭之間的基本溝通管道。活動中心亦可展覽與其主題有關的兒童作品。

家庭集會式的研習營可以整合不同的興趣領域、提供活動與示範,以及家長和兒童感興趣的訊息。利用活動中心的目的是強調製造家庭歡樂、共同參與及教育性。每個中心都會提供家庭參與活動時的

建議，以增進家庭或成員間的親密關係，而利用活動中心的次數可依據建築物的大小及可運用的資源多寡而定，以下提供一些建議：

1.家庭娛樂中心：提供家庭享用各式器材的機會，如各種大小及功能不同的球、跳繩、可供翻滾的地板墊、步行板、呼拉圈、棒球手套、降落傘及障礙賽場地等。

2.閱讀中心：包括適合各個不同年齡層的圖書、雜誌，由該中心兒童所寫的書、故事、詩也可以展示出來。負責閱讀中心的人員可安排一些說故事的時段，讓參與者在實際狀況下吸取經驗。

3.玩具工廠中心：可提供家人一個機會共同建構玩具，例如，做布偶或風箏。該中心可以展示玩具樣本及提供製造玩具的材料。

4.家庭支援服務中心：可為當地的社教組織傳達它們為家庭服務的目的及宗旨，例如：

(1)紅十字會可以向家庭成員示範基本的急救流程，例如口對口人工呼吸、輕微燙傷處理等。

(2)社區心理健康機構及YMCA可以展示並宣導關於其家庭服務及所提供課程的資料。

(3)可利用活動，例如利用當地現有的藥物及酒類課程討論及執行來自當局的協助、醫療機會等的資訊，並且可在課程中呈現各種藥物及酒精濫用的情形。

　　其他的中心可包含書展，以較便宜的價格賣書給家長、關心家人健康的營養中心、遊戲室等。有創意的方法可以使這個活動成為家庭中一個獨特經驗。Bergstrom和Burdon（1981）建議在支持家長教育其子女時能運用不同情境、以社區為根本的學習中心。學習中心可以設於博物館、圖書館、當地的學校或商店之中，可考慮的教學方法包含

向租書店租借書本、玩具或遊戲教具；由家長從回收、不貴及易取得材質製作教育性玩具和遊戲；資訊、諮詢服務及研討會、課程及演講等。在澳洲的墨爾本、雪梨、坎培拉及阿德雷德已經設有回收資源中心，個人或組織只要付少許錢即可成為會員，並可以買到許多由工商業廢棄物所製造的玩具、拼貼作品、汽車等。教育專家們必須提倡經過整合的家庭教育課程，因為家庭是最具動力的學習中心，在家庭生活中，教育專家和相關團體應攜手合作來加強並支持長遠的課程計畫。

五、家長政策委員會

隨著在啟蒙方案及社區學校中家長顧問委員會（parent advisory committees）的成立，目的在於讓家長協助課程政策的決定，在許多社區中家長和教師的關係正逐漸改變，在和學校政策、班級運作等有關的決策方面，家長及社區成員在重要領域中參與更多。

當這種改變發生後，教師必須以不同的角度來看待和家長、社區成員之間的關係，並且要學習和家長合作的技巧，以及瞭解如何組成可維持長久的親師關係。

傳統上，教師、家長及社區的權限取決於他們所做的決定。家長及（或）社區代表們負責決定政策，而教師及行政者則負責有關政策執行的決定，然而這些界線常混淆不清，因為執行會大大地影響政策，而政策的決定通常需要可行性方面的專業知識。

教師與家長關係中最困難的部分可能在於為學校設計發展教育及行政政策。有時候教師們覺得比家長們更適於做政策決定，因為教師擁有大量的專業知識。除此之外，教師對關於學校運作的決定也被賦予權利。

家長和教師在委員會會議中都有其難處，有些家長不信任教師，同樣地，教師在與無法和他們分享個人及專業詞彙的家長溝通時也會產生問題。

　　教師對於委員會的效能根基於相互信任之上，這種信任隨著教師
所遭遇到一連串事件中對委員會所表現出來的信任而增加，它是藉由
能力的表現及對兒童的關心而助長。保持溝通管道暢通、家長傾聽及
維持政策決定的公開性，都有助於教師獲得信任。

　　總之，教師的角色是協助家長做決定，教師應該指導家長，視其
是否擁有適合的資訊來協助他們做決定。更進一步地，教師必須幫助
家長預期政策決定後可能導致的結果。

六、團體合作

　　在討論及互動時，大團體並不如小團體有用。小團體會議需要教
師運用領導團體的技巧，身為領導者，教師召集團體並舉行討論、敏
銳地察覺團體的需要並讓成員為團體的行動負責。教師不應強迫團體
接受他的意願，也不該使討論流於冗長且漫無目的。教師必須成為一
位民主的領導者，在維持權威時也應能負責且有彈性空間，並能運用
最佳的方式進行團體的討論歷程。

　　有時候，實地參與的方式在和家長團體合作時是有用的。家長們
參與研習營的活動有利於非語言形式的學習和語言式學習。教師可引
導家長進入和學童活動類似的活動中，來幫助他們瞭解活動的學習潛
力。「開放式科學學習」或是「實地操練的教學」，通常在家長體驗
過這種形式的學習之後才能瞭解。同樣地，家長們也許會認為遊戲或
勞作是無用的活動，直到家長能認清這些活動的結果對兒童而言是一
種有價值的學習，才會改變想法。Sylvia Newman（1971）設計一套關
於學校課程的研習營活動及輔導活動，來幫助家長瞭解學校課程的內
涵及尋求將兒童的在校學習延伸到家中的方式。

　　一個由教師召集的親師團體通常會發展出其自己獨立的型態，
家長也許要負責教育該團體成員的計畫或是為學校服務。團體本質的
改變所需的時間也許比單獨一個教師所能付出的還要多，在這種情況

下，不管是從團體中或從外面再找一位領導者也許會有幫助，如此一來，教師可以顧問的身分繼續和家長團體合作。當家長團體由於有他們的領導而開始變得自主時，教師會感到十分驕傲。

團體的進步歷程是一項有力的驅策，團體可以是有助益且具支持性的，也可以是侵略性及壓迫性的，教師應善於利用團體的進步歷程，並留意和團體成員一同工作時技巧上的限度。

七、運用公關技巧

許多和家長合作的方式係指面對面的關係，然而也必須建立與家庭及社區其他型態的關係。一個好的學校應該有一套好的公關計畫，因為學校屬於家長及社區，所以它必須傳達學校發生的事。一個好的公關計畫確保了家長及社區中的其他人感覺到在學校中是受歡迎的，而這種計畫應遠遠超過每年一次的「學校開放週」。

展覽有助於告訴社區的人兒童在學校做些什麼。藝術作品、課程成果或是兒歌、故事的錄音帶可以製作成精美的展覽品，並用來敘說兒童在校的經驗。當地的商家可提供場地及其他各式各樣的協助，而當地的新聞媒體可以將學校的事告知大眾，例如，有關戶外教學、慶祝節日及其他特別的事件，對當地媒體而言皆頗具新聞價值。

教師可以透過簡訊、寄到家中的通知單及邀請家長參加特別活動的邀請函來進行他們自己的公關活動。

雖然良好的公共關係對學校而言很重要，但教師必須小心不要使家長課程全然變成公關活動。當家長被邀請到學校以顧問委員會成員的身分發表意見或建議時，家長會期望他們的意見能被認為是有價值的、他們的貢獻能被重視、他們能夠被傾聽及回應，然而有時候學校成立家長委員會及顧問委員會只是為了能符合聯邦及州政府的要求，而沒有利用這些團體。在這些情況之下，家長也許會覺得雖然有參與學校的活動，但卻有無力感，他們也許會認為家長參與活動是公關活

動的替代品,這樣的公關活動可能會導致反效果及部分家長的挫折感及憤怒。

綜合上述,一個良好的方案要迎合不同家長的需求,並適機找出家庭的興趣及能力,將家庭視爲一種支援,並應用多元系統(例如核心家庭、延伸家庭、社區及政府等資源)來充實及延伸學校課程。最重要的是要維持家長與活動的熱忱及興趣。

找出方法來維持家長參與教育性及支援性課程是很重要的,Powell(1986)認爲提供各種不同服務的課程是最有效的。Fredericks(1988: 33)爲增進家長對班級的參與提供以下的建議:

1. 讓家長知道你期望兒童擁有最好的一年。
2. 向家長傳達你希望他們全年都能積極參與課程計畫。
3. 讓家長瞭解你會和他們合作,使他們的孩子擁有最佳的學業成就。
4. 告訴家長這一年將充滿著許多新的發現及新的可能性,而且他們在這些歷程中有著相當主動的地位。

第三節　托兒所實施親師合作之實例

本節以洪秀芬(2015)在新北市某私立托兒所進行社區親職教育之實例,作爲親師合作的案例分析。

一、實施方式

這是一所新北市私立托兒所所進行的親師、親子活動及與家長建立溝通管道,以作爲社區教學的延伸模式。該所托兒所是一所私立高中附屬托兒所,爲了讓懷有子女的老師與員工能安心就近上班與解決托兒照顧問題,同時也讓社區小朋友有一所良好照顧的托育機構所

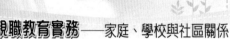

設。親職方案主要是為了讓外來的年輕小家庭、面對新一代的親手父母、E世代的父母做好親子關係與溝通所設計，其實施方式計有：

(一)文字通訊

    1.甜甜圈專欄（每週）。
    2.家庭聯絡簿。
    3.通知單：全園或各班通知單。

(二)講座與座談會

    1.期初家長座談會。
    2.專家講座。

(三)電話訪問或面談

    1.每月一次電話訪問並記錄。
    2.每日接送小朋友時的面談。

(四)在大樹下說故事活動

    小朋友家人，於每天早上8:15跟小朋友在大樹下說故事或讀繪本給小朋友聽。

(五)親師會議

    於每學期初舉行：

    1.教學理念分享。
    2.班級經營管理方式。
    3.課程內容介紹。
    4.家長須知與配合事項。
    5.親師交流。

(六)教學參觀日

(七)親子活動

　　1.母親節運動會。

　　2.畢業典禮。

　　3.校慶園遊會。

　　4.聖誕節活動。

(八)布告欄

　　可愛照片公布區。

(九)親子共讀活動

　　每週四小朋友可到圖書區挑選一本喜愛的圖書，給老師登記，借回家中與父母一同閱讀，週一再歸還。期末可得到一張圖書小學士獎狀。希望藉此活動，將書香帶回家，也讓親子關係更為緊密。

(十)其他

　　例如大班畢業生的夜宿活動、親子旅遊等。

(十一)托兒所網站

　　1.關於學校：

　　　(1)環繞影像。

　　　(2)基本資料。

　　　(3)教學特色。

　　　(4)師資陣容。

　　　(5)招生簡章。

　　2.公布欄：

(1)活動訊息。

(2)學校行事曆。

(3)作息表。

(4)餐點介紹。

(5)留言表。

3.交流園地：

(1)電子賀卡。

(2)親子延伸學習。

(3)意見調查或網路票選。

4.校園相簿：

(1)學校活動。

(2)班級活動。

5.數位學習資源區：連結塔普思庫魔力教育網——

(1)親子學習區。

(2)校方資源館。

(3)教師加油站。

6.愛的活動營：連結塔普思庫魔力教育網。

7.線上父母班：連結塔普思庫魔力教育網。

(十二)學校e-mail電子信箱留言

1.線上處理：馬上於線上，請所長或相關老師解答或處理。

2.電話處理：線上不方便處理，會以電話方式連絡家長並做相關
處理。

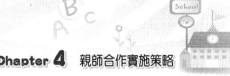

(十三)社區點華飯店聖誕節報佳音扶輪社愛心活動

(十四)社區菜園農具、植物教學

　　主題課程「蔬菜總動員」，恰好學校後方是家長種菜的農地，就商借給小朋友學習植物課程，與體驗農人生活。

(十五)社區大賣場教學：逛×××大賣場

(十六)社區牙醫診所牙齒健診

　　本園家長開設牙醫診所，每年皆免費幫園內小朋友牙齒健康檢查。

(十七)社區公園活動

(十八)參觀蘆洲有名的古蹟──李氏古宅

(十九)參觀蘆洲功學社旗艦店

　　蘆洲是有名樂器製造商功學社的起源，最近幾年成立旗艦店與樂器博物館，我們帶領小朋友拜訪此有名的樂器之源。

(二十)社區說故事媽媽，來園練習說故事

　　社區樹德圖書館開設「說故事媽媽課程」結訓時，需要為孩子們說故事，所挑選○○為社區媽媽們考試結訓之場所。

二、方案檢討

　　當托兒所在完成所有活動之後，所長帶領老師針對當前方案實施後的檢討，檢討如下：

(一)實施缺點

1. 文字通訊：容易流於單向溝通，家長只簽名了事，無法達到真正的溝通。

2. 講座與座談會：規定的時間，有些家長因上班或其他因素，無法前來。

3. 電話訪問或面談：電話訪問有時找不到家長或談話言不由衷。

4. 在大樹下說故事活動：報名的家長不多，有些因害羞或上班而無法前來。

5. 親師會議：家長有時因故無法前來，無法將學校的理念與其分享，但事後會將資料發回，並以電話溝通。

6. 教學參觀日：一次無法容納太多家長，需分多次參觀，費時費力。

7. 親子活動：家長最喜歡的活動，但每一次都需事前準備，很花費人力與物力。

8. 布告欄：須常常換新，找新主題，才能吸引家長。

9. 親子共讀活動：小朋友喜歡將書借回，但有少數家長不喜歡與小朋友共讀，認為是非常辛苦的事。

10. 網路通訊：

 (1)有些家長對電腦操作不熟悉。

 (2)家中無電腦，無法上網。

11. 學校e-mail電子信箱留言：有些家長對電腦操作不熟悉，以致無法使用此方法。

12. 社區活動常因場地或時間的限制，而無法好好充分利用，可再加強與鄉里長合作，讓社區文化與活動更緊密的結合。

13. 辦理活動時，如需借用公家場地，需公文往返很麻煩，如能簡化將更佳。

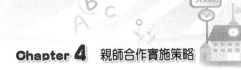

(二)建議與因應策略

親師關係實施方法：

①文字通訊

文字通訊是目前學校老師與學生家長之間最普遍、最頻繁的溝通管道。

1. 聯絡簿：學校與家長要保持聯繫，通常會設置聯絡簿，聯絡簿可告知家長其子女每天在校學習情況、生活情形、參加團體活動的表現，家長對學校事務之建議，也可填寫在家長欄中，以供學校或老師參考。

2. 每日新聞快訊：對於來去匆匆，因為太忙而無法談話的家長，每日新聞快訊是一種聯繫的方法，讓家長知道老師所要傳達的訊息或事情。在教室門外顯眼之處，放置一個大布告，簡要記述班級事項或孩子狀況。

3. 電子簡訊（以電子信件或MSN為主）：定期傳送簡訊給家長，簡訊主要目的有四：
   (1)通知家長學校活動和計畫。
   (2)讓父母瞭解課堂活動所蘊含的教育目的。
   (3)提高孩子和家長對彼此的溝通能力。
   (4)延伸並提高從學校到家庭的學習。

簡訊必須要短，並定期刊出，一個月或半個月一次；簡訊必須簡潔、具吸引力，且注意文法與錯字，此外，對簡訊細節的注意，可顯示學校或老師的計畫與努力。

②講座與座談會

聘請專家學者就兒童發展、父母管教子女，所面臨的問題辦理講

座。講座的設計有一貫性，可依家長的需要或他們感興趣的題目，安排一系列的活動，每月或兩週一次，有系統地介紹給家長。至於主題可根據子女發展的階段或家長的個別親子問題作規劃，邀請適當人選主講。舉辦座談會應注意下列事項：

1.時間與場地的安排：為了鼓勵家長參與，座談會的時間最好安排在星期五的晚上或星期六的上午，而且一次以兩個鐘頭為宜。至於座談會的場地，應注意參加人數、音響效果、座位安排、照明設備、錄音、清潔、氣氛、茶水等問題。

2.參加對象與人數的安排：園所要邀請家長參加座談，應以低收入戶社區、教育程度較低的家長為優先考慮。一般而言，參加座談會的家長人數不宜過多，對於子女遭遇特殊困難的家長，宜採用小組方式進行。

3.講師與講座內容：在聘請座談會講師時，應主動與講師聯繫，溝通所有事宜，尤其是講授內容宜切合參加對象的需要。

③電話或家庭訪問

家庭訪問是一種傳統的親職教育方式，通常於每學期開學前、學期中或學期末實施。此種由老師或專業人員親自到孩子家中做實地訪查的方式，有其他方式無可取代的重要性。家庭訪問應注意的事項：

1.事先解釋目的：在家庭訪視前，老師應通知家長並對此行的目的說清楚，以減輕家庭訪問所帶來的威脅。

2.與家長安排時間：非預期的家庭訪問會使家長感到不自在，因此老師可透過通知單來瞭解家長方便的時間與日期，以便預作各項準備。

3.準備家庭訪問表：準備詳盡的家庭訪問表，以記載相關事項。

4.準時到達受訪家庭：老師應於預定好的時間到達，訪談應維持

在十五至三十分鐘之內，不要太長。

5.注意訪問禮節：必須遵守他人的引導，身為訪客，老師必須有禮的接受任何由家人所提供的款待，一個成功的家庭訪問，最重要的元素，是老師有彈性的去接受各種和他們自己所經驗過的家庭行為和情況。老師的穿著也需注意，不可太隨便。

6.進行訪視後的後續工作：

　(1)寄發感謝函：寄一張感謝函感謝家長允許家庭訪問。

　(2)追蹤：老師必須在一週或一個月之內追蹤，以使在家庭訪問中所得知的資訊和討論的話題能持續下去。

　(3)評估：老師必須評估家庭訪問以瞭解它在加強家長－老師－孩子關係上的效果。做家庭訪問之書面資料記錄時，陳述中應加入孩子原先檔案中的資料。

④義工媽媽或義工爸爸

　　對家長而言，花時間到教室是瞭解課程內容與過程的最佳方法。家長常認為學校就是純粹的認知學習，而當他們知道早期的幼兒課程並不完全強調認知學習時，通常會更尊重所方的專業教導。

　　對孩子而言，當孩子看到父母與老師一起共同合作，尊重著彼此的貢獻時，他們的安全感會增加。此外家長的興趣、技能、知識和才能，可使課程的可能資源增加很多；更重要的是，有額外的幫手，幫忙帶一群小孩，常使那些沒有足夠大人不可能實行的活動課程，變得可行。

　　對老師而言，家長的參與教學與幫忙，給予老師觀察親子互動和父母態度的另一個機會。

　　一般而言，家長可提供下列資源：

1.職業：許多家長的職業，伴隨著工具的展現，對孩子是很有吸引力的。

2.嗜好：家長有特殊的興趣和嗜好，可提供孩子一些有趣的課程內容。

3.時間：許多家長所提供的資源是「時間」，在需要額外幫手時，是很有幫助的。

4.材料：無法到教室的家長，也許能可以提供教室活動所使用的材料作為資源。

⑤親師會議

親師會議是指家長與老師面對面的會談，通常可採定期與不定期、個別與團體、正式或非正式等方式進行，此方式可彌補書面通訊與電話通訊的不足，並收相輔相成的效果。

1.親師會議之準備：在召開親師會議之前，教師應針對下列主題進行評估的準備工作：

(1)孩子學習進展的情形。

(2)孩子在學校各項學習活動與工作習性。

(3)孩子的社會適應情形。

(4)孩子的興趣、態度和能力。

(5)孩子與教師之間的互動情形。

(6)孩子的健康或情緒問題。

2.親師會議的原則：親師會議是否成功，與老師的事前準備有關，老師應整理資料與報告以與家長充分溝通；同時應收集孩子的軼事紀錄和作品，以支持老師的觀點。

(1)接納家長的感受與態度。

(2)發展真正的互動關係。

(3)不要咬文嚼字。

(4)切忌能說與不能說的話。

(5)避免人身攻擊。

 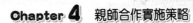

(6)避免拿孩子與他人做直接比較。

(7)態度要誠懇。

(8)避免表示意見或仲裁，除非家長有特別要求。

(9)提供處理兒童問題的可行方法。

(10)適當的轉介。

⑥親子研習會

學校可於學期初，配合家長需要，設計一系列親子教育課程。研習時間可長可短，視課程的內容與家長的需要而定。

⑦教學參觀日

選定一天邀請家長來參觀幼兒的學習活動和老師的輔導活動，使家長瞭解自己的子女在校的學習。教學參觀日的同時，可辦教學成果展，成果作品可包含：幼兒的作品、老師自製的教具、具啟發性的玩具、教具與幼兒圖書等。也可結合專題演講與講座、學生才藝表演會、家長會等活動進行。

⑧父母成長團體

邀請有經驗的團體領導者來帶領父母團體，可以藉由互相討論、經驗分享而促進父母親職能的成長。

⑨親子活動

親子活動是藉由遊戲或表演方式增進親子間的感情，並鼓勵家長關心孩子，與孩子親近，並可配合節日實施。親子活動內容宜簡單並富趣味性，易吸引孩子的興趣，請家長與孩子同樂。活動的設計可分為：

1.幼兒表演節目。

2.運動會。

3.競賽性的遊戲。

4.園遊會。

5.闖關遊戲。

6.親子郊遊。

⑩公布欄

公布欄是提供資訊給家長的另一種方式，Powell（1986）在他對孩子托育的家長研究中發現，那些他賦予「獨立」特性的家長與教職員的溝通頻率較低，而較常使用非職員的資訊來源，像公布欄。公布欄必須置於家長可清楚看得到的地方，最好是就在教室外面，使家長能夠在提供的資訊和來源——老師之間有一個清楚的連結。

⑪親職教育實施滿意度調查
⑫托育機構各項親師活動建議時間表

一個良好的方案在瞭解機構及方案的宗旨目標後，接下來是展開計畫，最重要的是全所老師一起參與計畫，透過資訊分享，瞭解家長的需求，接下來就是方案執行，執行後可透過量化（如問卷調查）及質性（訪談方法）進行方案的評估、檢討，以作為下一次更成功方案實施的準備。

參考書目

一、中文部分

洪秀芬（2015）。〈探討托兒所與家長、社區關係之經營策略與應用——以台北縣徐匯中學附設托兒所為例〉。http://cnat.pckids.com.tw/active/cnat_diary/0read_f.asp?id=111

郭靜晃、陳正乾譯（1998）。《幼兒教育》。台北：揚智文化。

二、英文部分

Becker, W. C. (1974). *Parents are Teachers*. Champaign, IL: Research Press.

Bergstrom, J., & Burdon, J. (1981). Parents as educators: Innovative options to involve educators, parents and the community. *Australian Journal of Early Childhood, 6*(1), 16-23.

Bjorklund, G., & Burger, C. (1987). Marking conferences work for parents, teachers, and children. *Young Children, 42*(2), 26-31.

Brim, O. G., Jr. (1965). *Education for Child Rearing*. New York: Free Press.

Fredericks, A. D. (1988). Parent talk: a most wonderful world. *Teaching K-8, 19*(1), 32-34.

Galinsky, E., & Weissbourd, B. (1992). Family centered child care. In B. Spodek & O. N. Saracho (Eds.), *Issues in Child Care: Yearbook in Early Childhood Education, Vol. 3* (pp. 47-65). New York: Teachers College Press.

Ginott, H. (1971). *Between Parent and Child.* New York: Avon.

Gordon, I. J., Guinagh, B., & Jester, R. E. (1972). *Child Learning Through Child Play.* New York: St. Martin's Press.

Gordon, T. (1970). *Parent Effectiveness Training.* New York: Wyden.

Gottlieb, B. H., & Pancer, S. M. (1988). Social networks and the transition to parenthood. In G. Y. Michaels & W. Goldberg (Eds.), *The Transition to Parenthood: Current Theory and Research* (pp. 235-269). Cambridge: Cambridge University Press.

Granovetter, M. (1974). *Getting a Job*. Cambridge, MA: Harvard University Press.

Hall, A., & Wellman, B. (1985). Social networks and social support. In S. Cohen & S. L. Syme (Eds.), *Social Support and Health* (pp. 23-42). Orlando, FL: Academic Press.

Honig, A. S. (1982). Parent involvement in early childhood education. In B. Spodek (Ed.), *Handbook of Research in Early Childhood Education* (pp. 426-455). New York: Free Press.

Kagan, S. L., Powell, D. R., Weissbourd, B., & Zigler, E. F. (Eds.)(1987). *American's Family Support Programs*. New Haven: Yale University Press.

Kerr, J. H., & Darling, C. A. (1988). A "Family Fair" approach to family life education. *Childhood Education, 60*(1), 1-6.

Linde, T. F., & Kopp, T. (1973). *Training Retarded Babies and Preschoolers*. Springfield, IL: Charles C. Thomas.

Lillie, D. (1974). Dimensions in parent programs: An overview. In I. J. Grimm (Ed.), *Training Parents to Teach: Four Models*. Chapel Hill, NC: Technical Assistance Development Systems.

Newman, S. (1971). *Guidelines to Parent-Teacher Cooperation in Early Childhood Education*. Brooklyn, NY: Book-Lab.

Pittman, F. (1987). *Turning Points: Treating Families in Transition and Crisis*. New York: Norton.

Powell, D. R. (1986). Parent education and support programs. *Young Children, 41*(3), 47-53.

Schaefer, E. S., & Edgerton, M. (1985). Parent and child correlates of parental modernity. In I. Sigel (Ed.), *Parental Belief Systems: The Psychological Consequences for Children* (pp. 287-318). Hillsdale, NJ: Erlbaum.

Siperstein, G. N., & Bak, J. J. (1988). Improving social skills in schools: The role of parents. *Exceptional Parent, 18*(2), 18-22.

Sparling, J., & Lewis, I. (1979). *Learning for the First Three Years*. New York: St. Martin's Press.

Stevens, J. H., Jr. (1988). Social support, locus of control, and parenting in three

low-income groups: Black adults, white adults and black teenagers. *Child Development, 59*, 635-642.

Stevens, J. H., Jr. (1991). Informal social support and parenting: Understanding the mechanisms of support. In B. Spodek & O. N. Saracho (Eds.), *Issues in Early Childhood Curriculum: Yearbook in Early Childhood Education, Vol. 2* (pp. 152-165). New York: Teachers' College Press.

Stevens, J. H., Jr., & Bakeman, R. (1990, March). Continuity in parenting among black teen mothers and grandmothers. Paper presented at the biennial meeting of the Society for Research on Adolescence, Atlanta, GA.

Swick, K. J. (1987a). *Perspectives on Understanding and Working with Families*. Champaign, IL: Stipes.

Swick, K. J. (1987b). Teacher reports on parental efficacy/ involvement relationships. *Journal of Instructional Psychology, 14*, 125-132.

Swick, K. J. (1988). Reviews of research: Parental efficacy and involvement. *Childhood Education, 65*(1), 37-42.

Vaux, A. (1988). *Social Support: Theory, Research, and Intervention*. New York: Praeger.

Weiss, H. B. (1990). State family support and education programs: Lessons from the pioneers. *American Journal of Orthopsychiatry, 59*, 32-48.

Weissbourd, B., & Kagan, S. L. (1989). Family support programs: Catalysts for change. *American Journal of Orthopsychiatry, 59*, 20-31.

Chapter 5

親職教育之實施方式

- 靜態式之親職教育實施
- 動態式之親職教育實施

　　親職在任何時空中,皆是個體社會化的最主要途徑。父母親是傳達社會主流價值觀與規範的導師。親職教育成為一門學問及課程更是現代社會的產物,一方面受到西方家庭與兒童發展理論之影響,加上輔導與諮商概念的發展,另一方面受到社會變遷父母角色不變,也產生面臨管教子女的挑戰(林家興,1997)。目前在台灣親職教育的實施仍是以學校及園所興辦為最主要實施方向,葛婷(1993)以園所實施親職教育之計畫,將內容分為二期三層面(**表5-1**)。

　　開創期階段之實施內容包括:親師溝通(例如隨機談話、家庭訪問、家長手冊、聯絡簿及諮詢服務等)、家長參與(例如親子活動與家庭資源等)、親職教育(例如親職教育講座、園所簡訊、家長座談會、布告欄、圖書借閱等)。

　　成熟期階段之實施內容包括:親師溝通(可加強彼此之情感交流)、家長參與(例如教學觀摩、教室參與、家長聯誼會等)、親職教育(以父母成長團體為主,以及個別和團體諮商)。

表5-1　親職教育二階段實施內容規劃

內容 階段	親師溝通	家長參與	親職教育
開創期	・隨機談話 ・家庭訪問 ・家長手冊 ・聯絡簿 ・諮詢服務	・親子活動 ・家庭資源	・親職教育講座 ・園所簡訊 ・家長座談會 ・布告欄 ・圖書借閱
成熟期	・情感支持	・教學觀摩 ・教室參與 ・家長聯誼會	・父母成長團體 ・個別諮商 ・團體諮商

資料來源:修訂自葛婷(1993)。〈家園同心──實驗教室親職計畫之介紹〉。《幼教天地》,7,187-206。

　　從**表5-1**之親職教育實施內容,可包括親職教育講座、園所簡訊、家長座談會、布告欄、圖書借閱、父母成長團體、個別諮商及團體諮

商等，所用的方式可分爲靜態方式，如文字通訊、親職講座、布告欄、圖書借閱；以及動態方式，如父母成長團體、個別和團體諮商、參與教學、親子活動等。

第一節　靜態式之親職教育實施

靜態的親職教育實施較屬於單向溝通（one-way communication），主要由園所及學校提供資訊給家長參考，主要的方式有文字通訊與電子通訊、親職講座、家長手冊、聯絡簿、布告欄、圖書借閱等方式，茲分述如下：

一、文字通訊與電子通訊

(一)文字通訊

文字通訊是最簡捷的單向溝通方式，主要是由學校提供一些文字資訊給可以閱讀文字的父母的一切資訊，此項溝通的缺點是不能提供立即回饋而且也看不到非言語式的溝通（如情緒表達）。

◆出版專刊

由推動親職教育的相關單位，例如，信誼出版社之《學前教育》、蒙特梭利基金會之《蒙特梭利月刊》、《嬰兒與母親》、《媽媽寶寶》等，出版「親職教育專刊」登載有子女管教、家長配合事項，或其他有利於親子成長的文章，供家長參考。

◆通訊或簡訊

通訊或簡訊的方式可以是定期或不定期的方式，針對家長與需求，主要的目的如下（邱書璇譯，1995）：

1.通知家長課堂活動和計畫。

2.讓父母瞭解課堂活動之下所蘊含的教育目的。

3.提高孩子和家長對彼此的溝通能力。

4.延伸並提高從學校到家庭的學習。

此項溝通的訊息內容可包括：專家的話、課堂活動紀事、政府之宣傳品、教師心得報告等。另外，也包括了溝通家長和學校意見、介紹親職諮詢機構、演講資訊及優良親職教育書籍（邱書璇等，1998）。

(二)電子通訊

◆全球資訊網路

隨著電腦科技與電子工業的發展，電子通訊是未來親職教育必然的發展趨勢，以美國為例，有些中小學已在網路上設站，並設有專欄提供親師溝通或親職教育相關資訊。而近年來台灣各級教育機構也都紛紛設立自己的網站，而家長的使用機率也隨著電腦的普及化有越來越高的趨勢。

◆其他通訊網路

在電子通訊上，傳真機、電話簡訊與電子郵件是三個可以廣泛採用的方式。目前甚多家庭已有傳真機，學校亦可透過傳真機立即將親職教育資訊傳給家長參考。其他親職教育有關的資訊或聯絡事宜也可以利用電子郵件或以簡訊方式給家長，與家長溝通。

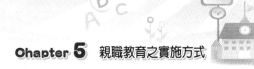

二、親職講座

(一)講座式親職教育的優缺點

聘請專家學者就兒童發展、父母管教子女所面臨的問題，安排一系列的活動，每月或兩週一次，有系統的介紹給家長。主題可依據子女發展的階段或家長的各別親子問題作規劃，邀請適當的人選主講（邱書璇等，1998）。

◆優點

　1.短時間內傳達重要概念。

　2.經濟。

　3.切合家長需求。

　4.能配合其他親職教育活動實施。

　5.可以系列舉辦。

　6.可配合討論或成長團體實施。

◆缺點

　1.講座品質無法掌握。

　2.講題易流於膚淺。

　3.現場易受干擾。

　4.不能滿足所有人之問題。

◆注意事項

　1.事先探聽演講者的水準與品質。

　2.充分與演講者溝通、聯繫。

　3.演講日期接近前再作確認。

4.告知演講者地點與交通方式或接送事宜。

5.通知或公告家長參加，家長如有回條更佳。

6.現場布置，並事先準備演講提綱或參考資料。

7.對投影機、幻燈機、麥克風、音響等事先試驗、調整。

8.如需錄音要事先準備，並徵求演講者同意。

9.演講時最好有臨時托嬰服務，使家長安心聽講。

10.事後對演講者及協助者致謝。

11.檢討演講的效果與缺失，或作問卷調查，瞭解家長反應，以作
　　為下次參考。

12.如需出版演講內容，需徵得同意。

13.可擴大與社區一起舉辦，一方面當作公共關係推展園所理念，
　　另一方面也可建構社區資源。

(二)親職教育講座主題

　　親職教育講座可以配合學生成長與發展需求，訂定切合家長需要
的主題，增強家長相關的親職知能，可包含以下主題：

◆學前教育階段

1.幼兒基本衛教常識。

2.幼兒社會能力的培養。

3.如何早期發現與鑑定兒童身心異常。

4.父母如何與子女對話。

5.幼兒知能發展特徵與增進。

6.幼兒發展與保育。

7.特殊幼兒的輔導。

8.社會資源與運用。

9.有效的親子溝通。

10.幼兒行為問題防治與輔導。

11.如何開發幼兒的知能與創造力。

12.兒童保護之法令常識。

13.幼兒氣質認識與輔導。

14.親子共讀與親子共視。

15.如何建立幼兒自信心。

16.遊戲的好處及如何增進幼兒之記性。

◆**學齡教育階段**

1.如何培養子女讀寫算能力。

2.兒童社會發展與輔導。

3.兒童體能發展與輔導。

4.兒童智能發展與輔導。

5.有效的親子溝通技巧。

6.兒童不良行為的問題防治與輔導。

7.特殊幼兒的輔導。

8.智能不足兒童的鑑定與輔導。

9.資賦優異與特殊才能兒童的輔導。

10.如何輔導兒童看電視。

11.兒童與電腦。

12.兒童學習問題的輔導。

13.如何培養兒童的創造力。

14.兒童科學精神的培養。

15.兒童性教育。

16.兒童行為問題之社會資源介紹。

17.增進兒童之自我效能感。

18.增進兒童之自尊與自信。

19.培養孩子之唸書習慣。

◆**青春期及青春期以後階段**

1.青春期子女的發展特徵與輔導。

2.父母親如何與子女談性。

3.青少年的性別角色發展與輔導。

4.青少年的社會化與輔導。

5.青少年的情緒發展與輔導。

6.青少年的衛生與保健。

7.青少年的智能發展與輔導。

8.青少年的生涯發展與輔導。

9.培養青少年之自我肯定。

10.青少年的休閒與輔導。

11.青少年的次級文化與輔導。

12.青少年偏差行為防治與輔導。

13.如何預防青少年子女犯罪。

14.藥物濫用與成癮。

15.青少年相關法規介紹與運用。

16.有效的親子溝通。

17.如何輔導子女與異性交往。

18.青少年性問題與預防。

19.培養青少年正確之價值觀。

三、家長手冊

家長手冊可作為園所與家長溝通的第一份書面資料。在新生入學前提供給家長認識園所，使家長瞭解相關的行政、教保，以幫助幼兒適應學習。內容可包括有：家長須知、園所教保理念介紹、園所概況

介紹（班級、設備、交通、上下學時間等）、入學（入學步驟、幫助孩子分離、為孩子準備入學所需的物品等）、收費、教學（課程、作息表、戶外教學、慶生會及其他相關活動）、健康與安全、家長權益及相關法令規定等。

四、聯絡簿

聯絡簿可作為親師個別化、即時溝通的橋樑。內容可包括：老師的話，記述幼兒學習的情形、人際關係、特殊行為等；也設有家長留言，作為雙向的互動及提供家長參與的機會。聯絡簿可每週或視需要使用，不必流於形式，徒增老師人力及時間的困擾。

五、布告欄

利用布告欄張貼陳列有關親職教育的文章，如教保新知、教養觀念和技巧、園所活動照片、活動預告等；並開闢家長意見欄，提供家長適時反應意見的機會，園所應以分工或專人負責的方式呈現布告欄的內容，以使內容有適時更新及被檢視正確性的機會，也使家長有興趣觀看，以達到親職教育的目的。園所也可以利用每天幼兒回家前將當天的活動作成簡報，或相片剪貼，也可以幫助接送家長瞭解幼兒當天的活動，成為當日親子之間很重要的話題。

六、圖書借閱

在不影響教保的原則下，園所可以把一些親職教育的書籍或幼兒圖書借給家長帶回家閱讀，也是作為親職共同閱讀，連結園所教保活動的機會。對許多家長而言，購買需要的書籍是不小的經濟負擔，書籍是否合適也是困擾家長的問題。當園所以開放的方式，提供適合的書籍並歡迎家長借閱時，或提供好書交流，一方面可充實幼兒閱讀的

好習慣，另一方面也可增加親子共讀及家長之間的分享。

第二節　動態式之親職教育實施

　　動態式之親職教育實施乃是透過活動之舉辦，增加親師之間的互動，大致可以分為親師互動及親職教育兩方面，其方式包括有：家庭訪問、家庭諮商、參與教學、親子活動、父母成長團體、家庭參觀教學（如教學參觀與參與等），茲分述如下：

一、家庭訪問

　　家庭訪問通常指由親職教育人員、學校老師等，前往需要親職教育的家庭，針對父母教養子女所遭遇的問題，提供面對面的服務。其內容相當有彈性，可視不同家庭的需要靈活調整（林家興，1997）。

(一)家庭訪問的功能

◆親師或專業人員與家長面對面溝通

　　親師或專業人員經由家庭訪問與家長見面，比較能親切與坦誠的交換意見，更重要的是可以瞭解家庭所在的社區環境、居家環境、家庭互動狀況、家庭存在的問題。

◆獲知家庭所需的幫助

　　可以直接探詢家長所需要的幫助，包括：社會救助、醫療協助、親子管教技巧或其他生活必要的協助。

◆建立關係

　　進行家庭訪問，親師之間或專業人員與家庭之間可以經由瞭解而建立關係，奠定以後合作的基礎，雙方比較不會誤解對方的立場，同

時也可以發展私人情誼,有助於子女的教育與成長。

◆對父母直接教育

可將子女的生活與學習狀況或行為問題直接告訴父母,並對家長教育可能的缺失,提供建議,供父母參考。若父母在子女教養上之方法與技巧有所不當,也可立即對父母進行教育。

(二)家庭訪問應注意的事項

◆事先解釋目的

家長事先收到家庭訪視是以孩子為中心的清楚說明。如此說明會減低家庭訪視之威脅面,特別是對那些習慣於正式訪客以他們的房子、經濟條件和家庭成員之職務來評估,或判斷他們好壞的家長尤其重要(邱書璇譯,1995)。

◆與家長安排時間

老師可藉由孩子將通知帶回交予家長,以便能清楚安排訪視家長的日期與時間,並打電話追蹤。非預期的訪視不能保證家長會感到自在並控制情況。

◆行為像客人一樣

縱使是老師主動要去訪視,在別人家裡仍然是客人。實際上,這會使他們處在一個較合宜的地位,因為必須遵從他人的引導。

◆須準時

老師必須對於家庭時間的需求敏感,應於雙方所約定好的時間到達。訪談應維持在十五至三十分鐘內,訪談時間不要太長,除非家長邀請他們討論特別的事務。

◆**訪視之後的責任**

在家庭訪視之後，仍有一些後續工作，例如寄發感謝函、追蹤（以使在家庭訪問中所得知的資訊和討論的話題能持續下去）、評估（老師必須評估家庭訪問以瞭解它在加強家長、老師與孩子關係上的效果）（邱書璇譯，1995）。

(三)家庭訪問的缺點與優點

◆**缺點**

1. 耗費時間：由於學生可能散居各地，對每一位學生作一次家庭訪問就可能要耗費數個小時，甚至一天，相當費時。

2. 時間不易調配：目前工商業社會家長都十分忙碌，因此家長與教師面談安排時間難度甚高。

3. 有安全顧慮：有些學生家庭環境惡劣，或居住於犯罪率較高地區，進行家庭訪問時通常會有安全上的顧慮。

4. 效果無法持久：每次訪問大約只有一至兩小時，所討論之問題除了禮貌性的拜會，對問題也較無法深入討論，因此，所討論之問題可能是表面性而且也會影響其改變的期效。

5. 孩子行為失控：在興奮、不熟悉的事件中，孩子可能變得過於興奮而人來瘋，導致行為失控的情況。

6. 可能負面感覺：訪問者如未能保有同理心以及排除社會預期（social desirability）之心理，可能帶給家長一些威脅，而造成家長不願意合作，故家庭訪問應去除一些暈輪效應（halo effect）及第一印象，而充分給予家長必要的協助與資訊，以獲取他們的合作。

◆**優點**

1. 信賴感的增加：孩子看到他的老師在家裡如客人般被歡迎，會

因為他父母接受老師而得到正面的感受,家長、老師和孩子之間的信賴感油然而生。

2.第一手的觀察:老師可藉由觀察家長和孩子在他們的家庭環境中互動的機會而獲得第一手資料。

二、家庭諮商

學校實施親職教育宜先成立家庭諮商中心。該中心可獨立設置,或附屬於輔導室,其成員應包括教職員,必須遴選專人專職,負責策劃、協調等工作。其主要功能是有效的建立家長聯絡網、人才庫、答客問以及溝通作用等。如果學校未設立也可轉介至社區中之心理輔導及家庭諮詢機構。

(一)諮商的意義和功能

1.諮商是一種助人的專業活動。

2.諮商是一種面對面處理問題的助人活動。

3.諮商是在處理個人或團體所遭遇的各種問題。

4.諮商是以口語溝通為主。

5.諮商以個別或團體的思想、行為與情感的改變為焦點。

6.諮商的目的在促進個別或團體成長、適應、改變與發展。

7.諮商強調自我幫助。

8.諮商的理論與技術大都借助於心理學的原理(邱書璇等,1998)。

(二)家庭諮商的步驟

1.建立諮商的氣氛:建立一個適合諮商的氣氛是諮商成功的關鍵。輔導員最好視家長為合夥人,大家共同思考如何有效的幫助兒童;輔導員要保持誠實、清晰的溝通,並且直接集中焦點

於眼前關心的主題。

2.描述在校的問題：諮商時由老師敘述兒童在學校的行為問題，老師在敘述時難免會使用標籤，輔導員要請老師以實例加以說明。

3.蒐集手足關係和教養方式的資料：可藉由家長描述其典型的一天家居生活，以瞭解其家庭狀況、家庭所重視的價值及親子互動方式，並找出兒童在家庭的行為與在校行為的關係。

4.瞭解在家中所發生的問題：請家長敘述兒童在家中讓他感到困擾的是什麼，特別描述那些與老師提及的行為類似的部分，同樣探討家長過去常用的解決問題的方法，並探討親子之間情緒、行為交互影響的關係。

5.重新界定問題：輔導員要就所有相關訊息對涉及學生目前學校適應問題的家庭及班級因素提出假設性的看法。對孩子的問題要給予較正向的標定，協助家長及老師去思考；兒童可能具有高度的個人目標，因受挫而變得懶散，以保護其脆弱的自尊。

6.提出學校方向的建議：處理的焦點集中在改變親子或師生互動方式上。輔導員所提出的建議應清晰實際、有明確的目標、使用具體的行為用語、朝正向行為的方向努力。

7.提出家庭方面的建議：對於老師、家長的角色要重新界定，讓老師和家長處理問題的不同層面，家長有時很難直接改變兒童在校行為，但可以幫忙找出或提供增強物，減少對學校輔導策略的抵銷或破壞。

8.結束及定期追蹤：可將老師或家長的建議作成書面資料，並訂出實施及追蹤的時間表，以增加確實執行的可能性（邱書璇等，1998）。

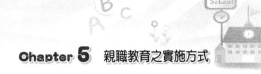

三、參與教學

父母參與教學是親職教育上特別受重視的課題，參與教學的目的，除了父母本身的成長以外，也能協助學校及學生子女在教學與學習上獲得助力。

(一)父母參與教學的角色與功能

1. 父母是家庭與學校的積極夥伴與教育領導者：家長經由積極的參與學校和家庭中子女學習活動，能使子女感受到來自父母的關心與愛，能帶動子女的學習興趣與對學校及家庭的承諾與向心力。

2. 父母像是決策者：父母參與學校教學歷程中，可以參加家長會、學校董事會或擔任學校顧問，對於教學內容與方式提供建議，並參與學校的決策，直接影響整個教學歷程與成員。

3. 家長是卓越教育的鼓吹者：有些家長利用捐款的方式協助學校，有些則付出心力，協助處理學校事務，都有助於提高學校、教育的素質，達成卓越教育的目的。

4. 家長可以當義工或受僱於學校：家長在學校擔任義工是最普遍的參與教學的方法，藉由義務服務中，可以提升家長對學校的行政措施、課程、教師與行政人員的熟識，成為學校的支持者，甚至是辯護者。

5. 家長是學生與學校的聯絡者：一方面對學校有關教學活動能瞭解，也能監督子女作家庭作業提高其程度與品質，形成子女教育不可或缺的一個環節。

6. 父母可以當學校教育目標與兒童學習的支持者：有些父母忙於自己的事業，無法有充分時間與學校聯繫，甚至無法捐款給學校，但父母依然可以成為學校的精神加盟者，支持學校的措

施，對學校、教育目標與兒童學習加以大力支持。

7.父母也是學校教育的接受者及能獲得學校協助者：學校的一切教育活動對父母本身而言也是一種教育，同時當家庭發生困難時，父母也能獲得來自學校的協助。

(二)父母參與教學的優點

1.家長對於孩子在教室裡的反應和課程，會得到第一手的經驗，並會因付出貢獻而有滿足感。

2.父母來參與教學時，會感覺到很特別，並會因父母和老師合作而感到安全，且會因父母的瞭解和參與而直接獲利。

3.老師從中獲得資源，觀察親子互動，並且能因家長參與及和他們有同感而感覺到受支持。

4.由於老師瞭解他們所合作的家庭，他們會知道家長有哪些豐富的經驗可以運用，以加深孩子對周遭世界的瞭解（邱書璇等，1998）。

四、親子活動

幼兒家長對參與親子活動的意願甚高，表示願意參加且實際參與者高達95.8%（黃麗蓉，1993）。親子活動包括園遊會、親子運動會、趣味競賽、親子郊遊、露營、烤肉，以表演或遊戲方式促進親子互動，並聯絡親師感情。在活動設計上，可配合節日（如聖誕節、萬聖節、母親節、畢業典禮），活動時間宜以假日及夜間為主，儘量安排親子一起參與，以增加親子之間的交流機會。

五、父母成長團體

「父母成長團體」是由一群熱心的父母，為學習如何使自己在教養孩子方面，更有技巧、更有效率而組成的學習團體，由園所或家長

聘請有經驗的專業輔導員，以小團體型式的帶領活動進行。它是一個有主題、有目的、有凝聚力的團體，對於幼兒教養或個人的成長、溝通能力技巧等，做更深入、積極的探討。依照家長所選擇的主題，組成的學習團體，如安排人際溝通訓練、同理心訓練、創造力訓練、父母效能訓練等，雖然以教導和傳統方式為主要的訓練方法，但仍以經驗分享和團體成員間的互動為原則。

有些園所以更主動積極的態度，把輔導界所運用的「成長團體」應用在家長身上，組成父母成長團體。成長團體適合在親職教育工作較成熟的園所推行，其原因為：(1)成長團體對家長而言有階段性，在園所與家長建立較穩定關係時推薦成功率較大；(2)團體的運作是否順利有賴成員間的信任感（李慧娟，1991）。

舉辦父母成長團體需要有以下準備的工作：

1.調查家長相關資料。
2.召開說明座談會。
3.團體人數和時間的安排。
4.找出團體之凝聚力及焦點。
5.建立團體成員熟悉度及信任感。

六、家長參觀教學

安排家長到園所參觀，使家長瞭解園所各項措施、老師的教保活動和孩子的學習表現。參觀的安排對於關心孩子行為及對園所課程有興趣或疑問的家長更有意義。參觀教學之後，可使家長更能瞭解孩子在園所的表現，也觀摩學習老師教保的態度和技巧，而更清楚如何與老師合作教育孩子（有關親師合作之策略與方法，可參考第四章）。

參考書目

李慧娟（1991）。〈幼兒實施親職教育經驗小札〉。《幼教天地》，7，213-220。

林家興（1997）。《親職教育的原理與實務》。台北：心理出版社。

邱書璇、林秀慧、林敏宜、車薇（1998）。《親職教育》。台北：啟英文化。

邱書璇譯（1995）。《親職教育──家庭、學校和社區關係》。台北：揚智文化。

胡玲玉（1989）。〈親職教育對特殊兒童的重要性〉。《特殊教育季刊》，32，20-22。

梁淑華、吳美玲、羅高文、林冠伶（2003）。《親職教育》。台北：華杏。

曾端真（1993）。《親職教育模式與方案》。台北：天馬。

黃德祥（1997）。《親職教育》。台北：偉華。

黃麗蓉（1993）。《配合家長期望托兒機構推展親職教育之個案研究》。中國文化大學兒童福利研究所未出版碩士論文。

葛婷（1997）。〈家園同心──實驗教室親職計畫之介紹〉。《幼教天地》，7，187-206。

Chapter 6

學校的變遷與效能

- 社會變遷下的學校
- 學校效能

　　兒童與少年是國家未來的資產（asset），更是社會資本（social capital）。社會資本包括國家政策、法令規範、支持兒少成長的環境與組織，以及成人與兒少之間的互動關係。換言之，社會資本是視兒少為一社會資產，國家與社會需提供支持家庭的任何支持（Coleman, 1987）。

　　社會上沒有問題的兒童少年，而有兒童少年的問題，兒童少年的問題種因於家庭，顯現於學校，惡化於社會。現在家庭面臨個人的功能，在一方面追求物質層面的經濟生活，另一方面也更注重個人福祉的提升，因此造成愈來愈多的人鮮少注意提供每一兒童的成長與發展的社會責任（social responsibility），甚至標榜照顧孩子是每一家庭的個人責任。

　　當今社會病態因子叢生，問題產生的主因是親職能力不足、家庭功能式微，例如家暴、中輟、少年藥物濫用及犯法，未婚懷孕人數驟增、啃老族、貧窮等現象。此外，家庭結構及家長不同工作型式也更衝擊家庭對孩子的照顧責任。諸此種種現象，也帶動了社會政策與支持，從殘補式的替代家庭的角色到預防性的家庭支持，此種政策與立法自然地影響家庭與學校的功能。

　　現在的家庭超過一半的母親與父親一樣必須出外工作，父母面臨雇主及同時兼顧子女的雙重角色所引發的衝突所困擾，所以兒童的托育照顧遂變成育有子女的家庭的首要需求，現在的父母常抱怨沒有時間及不知如何教養子女的角色壓力，無論兒童是需要幼兒園照顧及學齡兒童的課後托育等問題，皆困擾著父母，而孩子照顧問題未能充分解決，都可能影響父母須請病假、缺席或辭職，進而造成公司損失好的員工或社會減少經濟充實的實力。先進發展中的國家也有親職假政策，企業支持方案或人性化的支持家庭的人事政策，來支持家庭的兒童照顧，甚至政府普設優質的托育機構來支持家庭。台灣也面臨社會變遷所帶給有薪家庭的兒童照顧議題，政府一方面提供價平的公共托

育機構、托育補助，另一方面也獎勵民營企業辦理托育機構，加上支持的家庭政策，如彈性工時、親職假、托育補助津貼等來支持家庭照顧孩子的需求。

以美國為例，自1980年代以來，政府鼓勵企業設置托育機構、ABC法案（聯邦政府提供資金給各州依法所判有需要的人，得到低價或免費的托育或營養午餐）、失依兒童的家庭扶助（AFDC）（提供啟蒙計畫的公立托兒所，為二至五歲幼兒提供免費托育，並要求父母要參與托育機構的親職方案）、家庭和醫療假、產婦假等，以確保有需要被照顧的兒童能得到國家支持，並要求學校與托育機構要肩負親職教育之責任。

立法闡明社會應對家庭的支持，學校與老師在幫助家庭並承擔兒童照顧的社會責任。例如北卡羅萊納州在1982年就提供兒童照顧資源（Child Care Resources Inc., CCRI），就是由該州托育委員會整合企業、政府和私部門資源設立兒童托育資源組織，以幫助勞工家庭的需求（**圖6-1**）。

為兒童發展而努力的最重要對象是父母與學校（機構）的老師，不管是個別的或聯合的行為，因為家長與老師最貼近孩子的生活與必須要關心孩子發展的需求，所以說來，如果能獲得家長與老師的充分合作，必會造福兒童的生長和發展。當家庭不能充分扮演照顧孩子的角色及迎合他們的需求，老師又是最瞭解什麼是兒童最適當的需求，以求補充家庭功能不足的對象。

第一節　社會變遷下的學校

兒童早期經驗可提供兒童日後認知與社會發展的基石，但不幸的是，現代社會有許多處於危機家庭（families at risks）的早期經驗並未能提供穩定的基石，甚至處於一些學業及社會的危機之中。有些人在

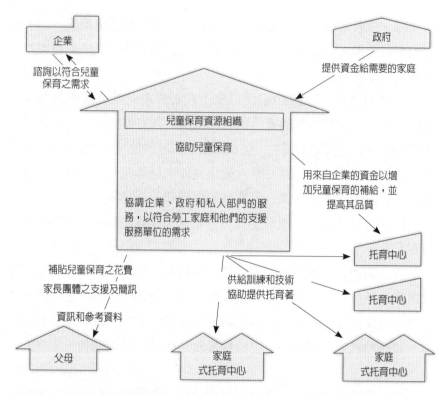

圖6-1　兒童保育資源組織：提供服務給父母、提供托育者、雇主以及政府

進入幼兒園或小學之前就已經大幅落後了。因此英美（例如美國AFDC
的Head Start，英國的Sure Head）的幼教介入方案就是要孩童迎頭趕上
（never behind），以改善這些兒童的入學準備，並期待他們從入學經
驗中獲得正面效益。台灣的博幼基金會對弱勢家庭在學校補救教學的
課後輔導更是民間非營利組織介入貧窮家庭的介入方案，增加學童在
學成功度以提升個人自我效能（self-efficacy）及改善日後生活品質。

　　過去學校的專業只負責學生的學業，通常只提供早上八點之後
至下午四點之前學生的課業教導及輔導。但社會政策已有所改變，如
同Kagan（1989）所言，「政策的列車已駛離車站了，如果我們要影
響它的方向，我們必須要上車」。所以學校也要隨社會有所改變。

Loughborough在1997年指出，「在美國，父母不再是唯一的社會化角色；社會上全體人員應為兒童安全與成長負責。」所以說來，學校已打破過去只純為教育兒童的機構，而逐漸變成支持家庭為本位的社會服務機構，例如提供補教教學、課後照顧服務以及學校社會工作，尤其對弱勢兒童及有特殊需求兒童的社會服務。Wlof與Sonenstein（1991）指出，「成人日後的情緒及身體虐待的預防，最有效的方法是透過在兒童早期落實他們對家庭角色及責任的體認。」這也是學校教育及親職教育的重點所在。Wolf倡導早期透過小學及中學教育，教導學生有關家庭及社會的需求、角色及責任，以期他們對社會公民及家庭對兒童的保護有所認知。親職教育是老師及社會工作者將父母聚在一起，倡導兒童保護的預防概念。學校老師及社會工作者主要是對學生及家長進行親職教育，個別、家庭及團體諮商與輔導，以及危機處理與服務。

　　早在1965年開始，美國詹森總統展開「向貧窮作戰」（War on Poverty），就提出聯邦的「啟蒙案方」（Head Start Program），為一專門設計於提升3～5歲幼兒的學業成就與機會的補償性方案。接受「啟蒙方案」的兒童接受健康、社會以及教育方面的服務，而且他們的父母也必須接受整個方案所提供的服務（例如親職教育、職業訓練或轉介服務等）（Washington & Oyemade, 1987; Zigler & Styfco, 1993）。有趣的是，倡導生態系統理論之Urie Bronfenbrenner也是此方案的委員之一。正如我們所預期，Urie Bronfenbrenner是補償性方案的強烈支持者！「啟蒙方案」多年來已修正無數次，包括年齡之範圍也由3～5歲擴充至3～8歲。在1994年，美國國會正式通過「啟蒙方案」擴充至0～8歲。

　　在「啟蒙方案」尚未擴充至迎合所有年齡層兒童需求之前，有一個「初始方案」（Abecedarian Project）。此方案最早主要是針對美國非裔族群貧窮家庭所設計，讓這些家庭之嬰兒接受全日托的高品質托

育介入（Ramey, Campbell, & Blair, 1998）。處於認知發展高度危機的嬰兒平均在4、5個月大時進入此種方案，一直待到5歲左右。另外一個著名的早期介入方案是位於密西根州的「高瞻幼教方案」（High/Scope Perry Preschool Program）。此方案在一年中上學月（10月～5月）提供半天的高品質幼教介入，主要是針對貧窮非裔3～5歲幼兒提供的教育方案（Schweinhart, Barnes, & Weikart, 1993; Schweinhart & Weikart, 1998）。此教育方案著重於兒童在自己的學習上扮演主動的角色，以主導他們自己的學習。同時，園所每星期也透過家庭訪問來教導父母使用教育資源來教導子女。

　　學校承襲過去教育孩子的角色，現在更要身兼照顧者的角色，在社會政策倡導兒童權利及家庭為本位的社會服務時，學校（托育機構）逐成為社會服務方案，除了服務內容改變，專業的內容也隨之改變，那老師要如何倡導社會政策呢？以下就是老師身為社會政策提供者或倡導者應該要做的事務（Gestwicki, 1992）。

一、被通知

　　社會政策與立法快速而持續地在改變，老師必須隨時得知中央及地方的問題、事務以及計畫，並且去瞭解這些事務和計畫如何影響兒童照顧以及家庭支持。

　　老師可透過立法的法令、報章雜誌的報導、讀書會及討論會議、民間倡導組織的倡導聲明以及研討會中得知相關訊息。

二、通知他人

　　很多沒有直接參與社會政策倡導的人對於問題的焦點及訊息無法掌握，尤其是工作中家庭的父母，所以老師要扮演傳遞此類訊息的中間人，倡導社會政策。美國幼教協會（NAEYC）每年4月發起全國社

區幼兒週，以喚起社會大眾對幼兒早期的重要性，除此之外，社區活動或倡導資料也是他們提供的重要資料。台灣有兒童福利聯盟、台少盟等倡導組織也會提供相關社會政策的資料。

三、加入專業組織

當老師與其他專業者聯合起來，並互通有無、相互支持，他們就可以依專業列出職業目標與標準，並且善用政治（民意代表）力量，而成為某一社會政策有力的倡導力量，尤其大的專業組織（如托教協會）更能達到更大的政治力量。美國的兒童保護基金會（Children's Defense Fund, CDF）就是由一基金會所支持的專業組織，為共同授權，並接受捐募來為美國兒童倡言，教育民眾有關兒童的需求，並預防兒少問題的產生，其成員有健康、兒童照顧、教育、兒童福利、心理健康、兒少發展、少年犯罪及勞力專家。

四、接觸民意代表

老師是關心兒童教育的市民，是因特定資格及專業而被任用的工作者，但人微言輕，於是集合專業組織的成員，結合大眾力量，再加上家長便可成為廣大的民意。家長與專業組織的聲音常使民意代表陳述他們的主張。接觸民意代表，說服他們接受其信仰及政治主張，那小市民的聲音就可變成巨大的民意訴言，並力促他們納入社會政策及立法的參考。

五、投票

作為社會公民（social citizen）的主要責任之一是公民投票。不管個人贊成與否，個人的投票在民主社會占有舉足輕重的地位。社會政策倡導者可以從投票結果力促或監督民意代表在社會政策之行動方向。

🏠 第二節　學校效能

　　當父母去工作時，孩子待在幼兒園或托嬰機構也是從早上八點到下午六點，甚至比父母的工時還長。當兒童進入民國小學之後，相較於過去，每天要花更多的時間，以及每年要花更多的時日於學校。在美國，至少每天要花五小時，每年要花一百八十天；而在台灣，除了小一及小二每週有一全天之外，其餘四天皆是上半天，小三及小四每週有兩個半天，其餘三天會上全天，而小五及小六則是有一半天，其餘四天皆要上全天，遑論下課還要到課育托育輔導機構。台灣學童除了國定假日、週休二日及寒暑假外，大部分的時間皆待在學校中。國中階段，大部分的少年花最多的青春在學校中。

　　試想一下過去我們的小學、國中及高中的情景？這些地方是足夠刺激我們智能的殿堂嗎？是快樂的時光來源嗎？覺得有被支持及安全感的場合嗎？如果不是，那麼我們是否要倡導給予孩子快樂、安全及學習的場所呢？

　　學校之效能最主要是提供社會化經驗（socializing force）以及形成日後價值與抱負。Holloway（1988）、Minuchin與Shapiro（1983）的研究指出，學校、家庭和同儕團體可能影響學童道德價值取向，以及政治觀和日後的成就與職業抱負。Minuchin及Shapiro（1983）也提出學校確實對學齡兒童的學業成就有所影響，即使在入學之初，此種差異已顯示出。Rogoff（1998）的泛文化研究亦指出，學校可提供兒童社會化及擴展兒童的認知發展，如對一般概念、規則、假設事件的思考能力，以及抽象的表徵思考（abstract symbolic thought）。學校在不同社區或文化中有著不同的樣貌，有些是融合式，有些是組合式，有些是大規模，有些是小規模，或是單一性別、男女合校等。在不同的文化價值或教育理念之下，學童必須學習與他人發展合作關係，並瞭

解校園及社區文化、師生關係等。此外，學校也有不同的社會環境、教育理念、課外活動，以及不同樣態的學生和背景，諸此種種差異，也深深影響學童的社會與情緒適應，以及學術表現。此外，學校更是動態的機構，其組織及影響也深受兒童之發展而有所不同。

隨著年齡增長，個體進入學校機構之體制也有所不同，諸如托育機構、小學及國中。這些托育及教育機構（統稱學校），在結構及組織上大不相同，也要求兒童要有不同的社會能力與行為。當學童年齡漸長，學校環境隨之在範疇及複雜度也有所增加。托育機構環境較小，需要身處於被保護的環境，幼兒也較沒有學校及教育的概念，他們常被一、兩位老師（通常是女性教師）及少數同儕所影響。到了小學之後，學校中之課室環境仍是主要的影響脈絡，但是課室環境是一社會單位，整個社會交流與學習更為複雜。到了國中之後，老師與同儕之影響參半；老師代表著權威與領導，樹立起課室環境以及控制著同儕間彼此互動以形成團體的情境。到了高中，學校成為一社會團體，個人不僅受限於課室環境所影響，除了自己的課室之外，青少年學生也受級任及課任（男性或女性）教師所影響，並且也有更多機會參加社團及課室外的活動。此時，學校儼然成為一社會組織，個人可以選擇適應和參與或者挑戰整個學校系統（Minuchin & Shapiro, 1983: 199）。

義務教育（台灣是九年，美國是十三年）有其優勢或劣勢，兩者並存。在優勢方面，可增加人民生活素質，減少文盲比率，可讓個人潛能發展，最重要的是每個人無論是貧窮、族群、性別、宗教之差異，皆能平等上學。台灣義務教育從2014年起由原來的九年延長為十二年（簡稱為十二年國教），但比起過去的年代，現在有更多的學生完成高中學歷，甚至是大學及研究所，如此一來也讓人們能找到更好的工作機會，以維持個人之生活水準。同樣地，如果個人無法獲得更高學歷，可能造成他們找不到好工作，甚至失業。在劣勢方面，義

務教育是強迫入學（十二年國教的後三年採非強迫性入學），所以學校要收每一位學生，但學生有其個別差異，例如，資賦優異、失能或身心障礙，學校是否能迎合每一位學生的需求，學生的管教問題逐成為學校系統最為頭痛的議題。其次是中輟、藥物濫用、未婚懷孕等問題。因此，教育政策，包括管教的鬆綁，皆影響日後教育品質以及人民生活之氣質。本節主要探討國民小學學校結構的影響、教室氣氛、入學準備度、成就動機、老師的信念與期望以及教育特殊需求兒童。

一、學校結構的影響

談及學校，大家皆習以為常會考量到老師、教學策略及內容對學生之影響，很少會想到學校環境之結構。到底學校的規模是否會影響學生的表現？同樣地，學生的座位安排、教室大小、建築物、牆壁顏色、通風與否，是否也會影響學生之學業成就、學習態度或參與課外活動呢？最近研究者習慣用學校之生態環境（人在其中互動、彼此互動的物理與社會環境）來形容學校之結構因素，至少包括物理、社會以及個人因素。

(一)學校環境之物理因素

物理環境（physical environment）包括學校建築、教育、布置以及學校規模等，會影響教學學習機會與教育經驗。

我們試著回想過去我們所唸過的國小及國中，如何形容我們的教室及學校環境，哪些行為會受到這些物理環境所影響。過去幾十年來，我們皆習慣一班有四、五十位學生，學校是大型規模，但現在的學校卻是小規模，每班大約只有二十多位學童。大、小學校皆有其優劣點，大型規模的學校提供廣且深的課程，老師準備度較豐富，各類型的課外活動及如學校諮商者的額外服務。雖然小規模的學校通常學術資源較少，但其有較良好的師生溝通、互動，學生有較多機會參與

課外活動，所以學生傾向較融入學校的活動事務中。如此一來，在小規模學校的學生因為參與因素，而使得學生學習能力增加及獲得更多滿足感，最主要的理由是他們有較多的機會及時間參與學校事務，而不僅是一位觀眾而已。此種情形在大規模的學校中，只有少數較活躍的學生有此種機會，但大多數在小規模學校的學生皆有如此的機會。

　　不同規模學校的學生在中輟率的比較上，小規模學校環境中較少比例的學生中輟，但在大規模學校環境中卻較高（即使是同樣的智力、成績及相同的家庭社經地位）。在小規模學校環境中的少數學生會比大規模學校環境中的學生對學校更疏離，最大的原因來自於學校參與的壓力，因為他們缺乏能力、動機弱或沒興趣，所以不能迎合小規模學校對學生參與的要求，因此反而造成這些學生低自我形象及自尊。

　　在中學時，學校的參與是日後成人參與社區的重要指標。在中學就很活躍的學生，三十年之後參與社會及成為政治人物的比例較高，台灣的政治人物，例如馬英九、宋楚瑜、游錫堃等皆是。

　　至於課室大小是否影響學生的學習表現呢？其實，教室是一複雜的環境。事實上，很少管理者需要像老師般同時要處理很多事務。教室具有多層面、同時發生的、立即性和不可預期性的特色。多層面係指教室在任何時候皆有不同目標、步驟及多元性的學生，在特定學習活動下互動。這些個體的互動是同時發生的，通常需要老師立即的注意力和回饋，所以結果也較具不可預期性，因此說來，教室是一複雜的生態環境。「生態」這個名詞雖然用於形容自然環境，尤其在環保的概念，它也可以用於描述人與人之間的互動、關係，以及人與環境之間的相互依賴關係，這也是教育輔導和社會工作的工作重點。從人際互動觀點，教室之間的人際互動更是一複雜的環境，尤其人在情境中的互動，彼此相互依賴及影響，尤其學校中之教室更是一獨特的物理與社會環境，此一環境中，師生與同儕的互動是相互影響的。而

課室的環境特色、學習活動、參與者的需求與特性（這也是兒童發展工作者的多元文化觀點），共同形成特定的定型及生態系統。更有甚者，教室之外的學校資源與地方政府的教育政策，更要平衡環境中的不同需求（例如特殊兒童），才能形成有效的教學功能。

物理環境，包括學校建築、教室、布置及學校設施等，皆會影響學校教學功能。試著回想我們過去中、小學的生活經驗，你參與過哪些活動及使用過哪些設施，而這些學校的物理環境是否影響你的學習意願、熱誠和動機呢？而這些行為是否為你所期許，這些結構環境是否會影響你的學習成效呢？此外，課室中的座位安排、教室大小、牆壁顏色、課堂布置、通風設備還有課外活動的多寡，也皆會影響學生的學習動機與成就。

(二)課室大小

雖然大型學校的學生人數可能比小型學校的學生超過二十多倍，而且課外活動的提供也有五倍之差，但是其提供課外的種類並沒有差異。然而大型學校規模比小型學校至少超過三至二十倍的課外活動（例如音樂、戲劇及學生代表社團）參與，但是小型學校的學生有更多的參與重要性及負有更多的任務責任。除此之外，小型學校的學生也擁有較多的參與壓力，須承擔更多的責任與義務，他們有較少的旁觀者（outsiders），也因此造成小型學校有較少的邊緣學生及中輟生。Rutter（1983）指出，如果我們把學校當作一社會化機構，那麼學校的功能就是透過課外活動傳輸社會及文化價值，因為學生不僅在課室中學習，其也在課室之外的學校環境學習，所以說來，學校應盡量減少學生數量，而讓每位學生都是重要分子而不是多餘的成員。Minuchin及Shapiro（1983）認為，在幼稚園及國小低年級的小型規模的學校，學生有較多的個別化、較多的團體活動、更正向的學習態度及較少的偏差行為，而且老師也較滿意教學。Rutter（1983）也發現，國小低年

級在小規模的學校有較好的閱讀及教學表現，即使是身心障礙或弱勢兒童也有同樣發現。

(三)學校體制

在學校的學制組織上，即使在美國學制（除了五到六歲的K教育外）有六三三（國小六年，國中三年，高中三年）或五三四（國小五年，國中三年，高中四年），學生在不同學制上的行為表現會有所差異。學校轉換體制，如幼兒園到小學，小學升上國中或轉校時，學童常呈現出一些負向的影響，例如有較低的自尊、較少參與學校與同儕活動。國內就有得勝者基金會運用全省四千多個志工幫助國一生作學習、課業及情緒的輔導。

(四)課室安排

在課室安排上，一般教室皆以長方形的環境結構來加以布置，而不是正方形，也不是圓形。在傳統結構的教室布置上，學生有較好的閱讀及數學表現。所以說來，教室布置是否開放並不一定對每位學生造成學習效果，但開放式的擺設及布置可以幫助學生更多社會化，但並不一定會幫助學生有效的學習。彈性布置是最好的處理。當老師布置教室環境時，應考量能見度（visibility）、可接近性（accessibility）、免於分心（freedom from distraction）及行動區。

除了考量上述的能見度、可接近性、免於分心及行動區之因素外，老師應考量課室安排應有彈性化，要符合其教學方式及課室的動態環境，因為教室安排不僅只是資訊流通，更重要的是要考量老師想要學生表現之行為，因此，課室安排應和學習活動有所關聯。

二、教室氣氛

教室並不是冷清清的石頭、水泥、磚塊所堆砌而成的物理環境

而已，它也是一些個體（包括學生與老師）為了理想或共同目標而加以互動的生態環境，因此，教室遂成為獨一無二的社會環境（social environment），當然，其中的課室氣氛更會影響個體的學習行為。

教室不僅是教室結構之物理因素所組成，其更是一個特殊的社群，為了達成共同目標的社會結構（social structure）。因此，教室不僅是桌子、椅子、黑板、牆壁顏色與布置、教科書、視聽設備和漂亮的教室布置所組成而已，其更是屬於「人」的社會環境，其所營造的教室氣氛與社會環境，更是決定及促進學生學習過程的良窳。

有一部美國電影片名為《187》（台灣翻譯為《美國社會檔案》），其敘述著在美國低社經及文化地位的西裔社區中的高中，學校中龍蛇夾雜，有著學習低落及高頻率的中輟，但是老師將班上不同且精力充沛的青少年變成一群願意改變的學習者，雖然老師犧牲了，卻也感化了一些青少年願意向上及學習。另一部電影*Stand and Deliver*，也敘述老師將班上同學變成對班級認同及願意彼此合作學習。所以說來，課室環境由老師來引導行動與決策，不僅在物質環境有所改變，連社會心理環境也有所改變。教室除非擁有「群體」及合作學習（彼此成為學習鷹架），否則其將成為一群個體擁有一塊場地及共享一個時間。因此，老師應掌握學生學習動機並將學生整合成為一個學習群，以促進群體的合作學習。

社會心理學家和團體動力專家，將團體的形成、發展與功能應用到教學環境，最重要的因素是掌握學生的向心力及團體凝聚力。前者係指個體發展出我們（we-ness）的感覺，而與別的班級〔他們（they-ness）〕劃分界線，以幫助個體對班級的認同，以形成向心力；後者係指班上認同自己是一群體的程度，同時也感覺自己是團體的重要成員，並經由團體互動而形成彼此的依賴感，以建立共同目標。教室的目標又可分為任務目標（task goals）及社會情緒目標（social-emotional goals），前者含括學業學習與成就，而後者則是幫助學生滿足被接納

及發展正面自我形象。此外，這兩種目標又可細分為個人目標與群體目標。所以說來，一位有效能的老師要能創造教室的學習氣氛，提供一個積極可行的社會心理經驗，形塑學生的學習文化。換言之，老師應協助班級發展向心力及凝聚力，透過彼此互動、相互依賴與完成共同目標，來達成學習效能。

三、入學準備度

雖然教育者長久以來一直對如何培植兒童上學的準備度（school readiness）有高度的興趣，但如何瞭解孩子入學校的準備度呢？年齡、學術能力或是情緒與自我行為控制呢？許多研究已證實，年齡並不是對學術或學習的最佳因子（Carlton & Winsler, 1999）；父母或老師皆認為是兒童整體健康情形、語言溝通技巧或學習熱忱，有些老師也強調社會技巧及遵循學校規則與流程的能力；然而，家長卻認為學術知識，如熟悉字母或算術技巧，才是最重要的入學準備因子（Lewit & Baker, 1995）。雖然如此，許多學校行政區使用標準化測驗來評量兒童入學的準備度，但只達到中度相關（預測力）。換言之，這些評量並不能有效預測學童之入學準備度（Carlton & Winsler, 1999）。

Lewit及Baker（1995）指出，在美國對上學準備度的評量是：清楚作息、有效的語言溝通、熱忱及上學興趣、輪流分享及乖乖坐定位。雖然現在兒童有早熟的現象，在5歲入學之前，孩童已有基本字母與數的概念，顯示有好的利社會行為，對學校工作有堅持度，有意願學習及對學習事務有專心度（West et al., 2000）。

然而，這些測量會因下列因子之不同而呈現差異存在：年齡（年齡愈大分數愈高）、家庭型態（單親家庭分數較低）、母親教育（母親教育程度愈高分數愈高）、種族（非西班牙裔之白人和亞裔，比非裔及西班牙裔來得高）及社經地位（社經地位愈高分數愈高）（Stipek & Ryan, 1997）。雖然在研究中大部分的幼兒似乎已有入學準備，而且

已有不錯的改善，但是仍有相當大的進步空間。

當兒童年齡已大，但卻被鑑定尚未有入學準備度，對教育者是一件兩難抉擇。是否要將這些孩子貼標籤或留級一年，即將這些孩子留在家中或再讀一年幼稚園，或放在資源教室做教學呢？上列這些選擇並不能幫助幼兒趕上同儕，事實上，有些研究已證實這些被建議留級一年的幼兒，（由於父母堅持）進入小學後，他們的成績卻能趕上同儕（Carlton & Winsler, 1999）。有些教育者相信我們必須再度思考「學校準備度」此概念。他們辯稱是學校應該準備好，而不是將準備度視為兒童的責任（Carlton & Winsler, 1999）。這些教育者援引維高斯基（Vygotsky）的認知發展理論，認為將這些學生留級是剝奪兒童所需要的「文化與學習情境」。同時，延遲幼兒入學首先已在環境上阻礙了他們的入學準備（Carlton & Winsler, 1999: 346）。此種觀點將促使學校正視幼兒既存的能力，提供這些兒童學習「鷹架」以獲得我們文化所認為重要的學習及學業成就。延宕孩子的學習只會引發日後的學習困難，也可能損害其學習動機及自尊（Rose, Medway, Cantrell, & Marus, 1983）。

四、成就動機

成就動機（achievement motivation）是個體選擇參與或持續嘗試完成挑戰性任務之程度。兒童的成就動機包括用以選擇做或不做的信念、用以決定重要性的價值觀、從行為中期待的好處，以及心理目標之錯綜複雜的組合（Wigfied & Eccles, 2001）。心理學家將兒童相信他們為什麼會成功或失敗的原因稱為歸因（attributions），歸因由五個因素所組成：能力、努力、運氣、任務困難性及策略使用（Alderman, 1999; Weiner, 2000）。這些因子又可區分為「內在的」（如能力、努力、策略使用）及「外在的」（如運氣、任務困難性等）。有些因子是相當穩定的，而有些因子卻是易變或不穩定的（如運氣、任務困難

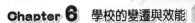

性是不穩定的,而能力可能是穩定的亦可能是不穩定的)。有些因子是「可控制的」(如努力或策略使用);然而,有些因子是「不可控制的」(如運氣)。

　　兒童對表現的歸因對兒童的行為及成就動機有重大的影響,例如:有些人發展專精取向(mastery orientation)(**表6-1**),他們將成功歸因為努力工作或能力(即內在及可控制因子)所致,並將失敗視為他們可控制(如努力或策略)或改變(如任務困難性)的事。然後,他們可發展能力增加觀點(incremental view of ability)或者他們可以提升自我能力之信念;他們專注於「學習目標」(learning goals),嘗試愈來愈困難的任務,因為他們相信如此一來有助於他們學習新技巧,進而增加他們的一般能力。這些孩子有較高的成就動機,因為挑戰任務的成功可確保他們是有能力或努力工作的信念。失敗只是代表他們需要更努力或使用不同的策略而已。

表6-1 專精與無助取向

專精取向	無助取向
將成功歸因於努力工作及技巧精湛	將成功歸因於運氣
將失敗歸因於缺乏努力或知識	將失敗歸因於缺乏能力
視缺乏知識及技巧為只是暫時及可改變的狀態	視缺乏知識及技巧為永久及不可改變的狀態
對下次的成功或失敗保持樂觀	對下次的成功,或成功之後的情況感到悲觀
持有正向思考,包括正向的自我對話、自我鼓勵及期待	持有負向思考,包括負向的自我對話、焦慮及期待
如有需要會求助,視求助為改善技巧的方式	避免求助,視求助為無能之表現
對困難任務保有持續力,嘗試新的策略	對困難任務減少努力,甚至放棄
尋找具挑戰性之任務,視其為增加能力之方法	避免挑戰性之任務,視其為會確認自己無能之事
擁有學習目標,努力學習新策略與技巧	擁有表現目標、尋找表現的機會以對自己及他人展示能力

資料來源:Alderman(1999),摘自郭靜晃譯(2008)。

然而，其他人卻發展無助取向（helpless orientation）。這些兒童將失敗歸因於他們缺乏能力，但將成功歸因於外在及無法控制的因子，如運氣。他們也常擁有能力實體觀點（entity view of ability），認為能力是固定及不可改變的信念。他們傾向避免挑戰性任務，因為失敗會證實他們缺乏能力；他們不會對困難任務有所堅持，因為持續嘗試使他們不停地體驗到自己缺乏能力。在這些兒童心目中，他們覺得如果有能力，他們就不用下這樣的苦功，而且持續努力也不會對他們能力的改善有所助益。所以，為什麼要不斷地嘗試呢？相對地，他們較專注於「表現目標」（performance goals），尋求他們可以做好的工作及任務。不幸的是，這種取向產生負向循環，而使他們放棄任何嘗試，並阻礙他們發展重要的新技巧（Weiner, 2000）。

即使2歲半的幼兒也對任務之成功與失敗有不同的反應；而且許多3～6歲的幼兒也會對失敗表示負向反應。但是兒童對能力、目標及整體取向的觀點是在日後學齡期漸漸發展形成的（Dweck, 2001）。父母及教師的回饋也會影響兒童的能力觀，特別是當兒童成功與失敗時他們所強調的特質與過程，例如：對智力的讚賞似乎鼓勵「能力實體觀點」；相對地，對努力或策略的讚許似乎比較鼓勵「能力增加觀點」（Dweck, 2001）。

五、老師的信念與期待

在人生歷程中，也許老師的一席話或身教，可能會改變學生的一生，果真如此，那麼老師除了具有高尚的專業技能（非充分條件）之外，也要知道如何透過其所具有的知識，幫助學生理解老師所教導的內容，正所謂「師者，傳道、授業、解惑也」。其實，教學是複雜的過程，教師為了增進學生的知識，可能必須扮演各種不同的角色。例如，在幼兒園的教師，至少要扮演觀察者、情境布置者、共同遊戲者及指導者之角色（吳幸玲、郭靜晃，2003），除了這些角色扮演的能

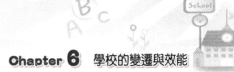

力外，幼師還需要具有專門知能——瞭解幼兒之適齡發展實務引導遊戲及規劃遊戲活動能力。換言之，有效指導學生學習及具因材施教能力。

　　教師除了需要懂得如何有效的從事教學之外，也需要是位高效能的經理人（manager），尤其是具備教學過程中班級經營的知能。教學在班級經營中不僅是引導學生人際互動的社會心理學家，也應該具有規劃環境能力的環境工程師，更是瞭解學生心理的諮商輔導師，如此一來，才能掌握學生有效學習的各種因素，適時提供指引和協助，以促進學生的學習成效。因此，老師至少要扮演評量者（evaluator）、管教者（disciplinarian）、社會模範者（social model），通常在小學常是女性教師，擁有一些性別刻板化，對待男、女學童有不同的期待，此種期待也影響學童日後的學術表現。

　　在眾多研究教師之相關研究中，哈佛大學的Rosenthal和Jacobson（1968）研究教師期許與學童之學業成就最為典型，其研究的設計是：對幾個班級的學生先進行智力測驗，同時讓級任老師相信測驗的結果可以預估哪位學生在智力方面會有快速的成長，測驗之後，將這些所謂的具有潛力的學生名單交給老師（其實它是隨意抽樣的名單，與智商無關）。過了一段時間之後，研究者再度對這些學生加以施測，結果發現：這些學生的智商和閱讀能力比班上其他同學有顯著的進步，老師的期許之影響力不容忽視，這些期許遂成為學生自我實現的預言（self-fulfillment prophecy）（Snow, 1995）。此種研究效果日後被證實在啟蒙方案的幼兒園童、智力障礙兒、接受安置輔導之女性青少年，也和一般教室的學生一樣，具有同樣的效果。此種效果除了正面的學習促進之外，也可能在負面學習產生同樣的效果（Good & Brophy, 1997）。

　　之後，研究的重點轉移到學童的自我期許，以內控（成功歸因於自己的能力和努力）及外控（成功與失敗歸因於人無法掌握的命運）

來比較學生的自信和行為，結果發現：內控的學生對自己的能力和表現比較有信心，相對地，外控的學生比較沒有信心，甚至發展習得無助感（learned helplessness）——意指經歷多次失敗之後，認為自己的行為和努力於事無補。因此，教師在教學之時，應多注意此類學生，除了教導這些兒童不要將失敗歸因於自己的能力不足，應該歸咎於自己的努力還不夠，如此一來，才可以扭轉兒童的觀念，增強其自我效能（self-efficacy）和面對學業失敗的堅毅力（resilience）。

在課室環境，不僅老師與同儕是學生控制的來源，兒童本身也是控制的來源。自我控制可以提增學童的課室行為、注意力集中及學業成就。此種自我監控（self-monitoring）是透過教導讓學生每天日常檢視自我行為。此種自我監控方法不但符合經濟效益，也可節省老師的時間，尤其在課室中，老師不在時，此種方法可以減少學生依賴外控。

六、教育特殊需求兒童

(一)特殊教育

在美國，學校教師應瞭解立法是公立學校提供特殊學生服務最重要的依據。94-142公法（Public Law）也就是所謂「全體殘障孩童教育法案」（Education for All Handicapped Children Act），是將特殊教育立法最為關鍵的里程碑，這是第一個要求對障礙兒童提供免費而適當的教育的法案，其基本法規包括：鑑定、完全免費的服務、合法的程序、父母／監護人的諮詢、最少限制的環境、個別化教育計畫、無歧視的評量、保密、教師和專業人員的發展與在職訓練。在1990年，美國承續94-142公法而修訂失能者教育法案（Individuals with Disabilities Education Act, IDEA），此法有幾項重要的變革：

1. 改變用詞，將障礙（handicapped）改爲失能（with disabilities）以區別從社會觀點所指稱的殘障（handicaps），以及沒有能力去執行特定事項的障礙（disabilities）。因此，盲生具有視覺障礙，無法閱讀以視覺呈現爲訴求的印刷物，但不需要視覺之情況下，其本身並非就是障礙。此外，IDEA更將兒童改爲個人，政府會對3～21歲的個人提供免費且適當的教育。

2. 主張以「最少限制的環境」（Least Restrictive Environment, LRE）安置障礙學生、每位兒童應儘量安置於正常且接近主流教育（mainstreaming）的融合教育（inclusive education）的學習環境。

3. 普通教育的重新組合（Regular Education Initiative, REI），建議完全排除特殊教育，主張單一教育系統，視所有學生皆是特殊的，並賦予相同品質的融合教育，其應符合下列要素：

    (1) 如果學生沒有障礙，他們將能進入他們想要就讀的學校就讀。

    (2) 學生不應該因爲所呈現的障礙類型與程度，而被拒絕入學。

    (3) 學校中不再有自足式特教班，相反地，應依年齡或年級作適當的安置。

    (4) 在完全融合的普通班中，應該廣泛使用合作學習與制度。

    (5) 在完全融合的普通班以及其他的融合式教育情境中，應該提供特殊教育的支持系統。

在台灣，於1984年訂定特殊教育法，並在1976年針對6～12歲學齡兒童作普查，發現有34,001名身心障礙者，盛行率爲1.12%；第二次則在1990～1992年間普查，發現在6～14歲兒童中，出現75,562名身心障礙兒童，盛行率爲2.12%，之後就未作全國性普查。不過，之後歷經由教育部執行「發展改進特殊教育五年計畫」，1997年修訂的「特殊教育法」及訂定「身心障礙者保護法」，以及新近所倡導的融合教育，

諸此種種變革，也凸顯我國政府對弱勢兒童的教育與照護的企圖心（黃志成，2000）。其中最重要的措施除了興辦全國身心障礙兒童普查之外，就是提供補充教學，包括：補助教育經費、提供無障礙的學習環境、研發特殊兒童鑑定工具、建立疑似身心障礙學生通報系統、重視特殊兒童學前教育、托育服務及特殊訓練的機會、輔導低成就學童、善用電腦、網際網路及遠距教學、充實融合教育的配套措施、成立特殊教育輔導團隊等。

(二)特殊需求兒童之教育

孩童在學校有特殊需求，除了本身的身心失能外，最重要的是來自環境所給予的壓力，例如面對父母失婚過程、目睹家暴或遭受惡待（maltreat）。這些孩子皆具有一些共同特徵：情緒失調、行為反常，通常這些孩子需要諮商、心理輔導，而家長需要社會處遇（social intervention）。

當有特殊需求的孩子是學校老師的特別挑戰，至少老師必須瞭解這些家庭所面臨的一般情緒反應、焦慮及行為問題。

面對這些問題，老師應如何有效地與父母合作，Gestwicki（1992）建議老師應有下列觀念：

1. 將父母視為個體，要對父母同理。
2. 將焦點放在現在與未來。
3. 澄清資訊。
4. 給予實際的期望。
5. 幫助父母放手。

如果面對目睹暴力的兒童或遭受虐待的兒童，老師除了瞭解這種兒童常伴隨的情緒與行為的訊號，又因於立法之規定，老師應採取：

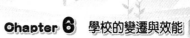

1.報告適當機構或打113通報，因爲老師是這類事件的責任通報人。

2.取得文件證明。

3.檢視個人的態度，此種處遇需要專業的技巧處理，除了同理心更要有保密原則。

4.創造一個信賴的氣氛，以支持孩子度過困難時期。

5.提供父母支持團體，並給予社會資源。

參考書目

一、中文部分

黃志成（2000）。《特殊教育》。台北：揚智文化。

郭靜晃譯（2008）。Joan Littlefield, Cook & Greg Cook原著。〈學校、媒體與文化〉。輯於郭靜晃等譯。《兒童發展》。台北：華都文化。

吳幸玲、郭靜晃（2003）。《兒童發展：心理社會理論與實務》。台北：揚智文化。

二、英文部分

Alderman, M. K. (1999). *Motivation for Achievement: Possibilities for Teaching and Learning*. Mahwah, NJ: Lawrence Erlbaum.

Carlton, M. P., & Winsler, A. (1999). School readiness: The need for a paradigm shift. *School Psychology Review, 28*, 338-352.

Coleman, J. S. (1987). Families and schools. *Educational Researcher, 16*, 32-38.

Dweck, C. S. (2001). The development of ability conceptions. In A. Wigfield & J. S. Eccles (Eds.), *Development of Achievement Motivation* (pp. 57-88). San Diego, CA: Academic Press.

Gestwicki, C. (1992). *Home, School and Community Relations*. Albany, NY: Delmar Publishers Inc.

Good, T. L., & Brophy, J. E. (1997). *Looking in Classrooms* (7th ed.). NY: Longman.

Holloway, S. D. (1988). Concepts of ability and effort in Japan and the United States. *Review of Educational Research, 58*, 327-345.

Kagan, S. L. (1988). Guest editorial: Dealing with our ambivalence about advocacy. *Child Care Information Exchange, 51*, 31-34.

Lewit, E. M. & Baker, L. S. (1995). School readiness. *The Future of Children, 5*, 128-139.

Minuchin, P. P., & Shapiro, E. K. (1983). The school as a context for social

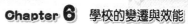

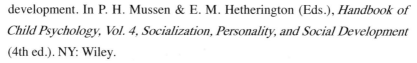

development. In P. H. Mussen & E. M. Hetherington (Eds.), *Handbook of Child Psychology, Vol. 4, Socialization, Personality, and Social Development* (4th ed.). NY: Wiley.

Ramey, C. T., Campbell, F. A., & Blair, C. (1998). Enhancing the life-course for high-risk children: Results from the Abecedarian Project. In J. Crane (Ed.), *Social Programs That Really Work* (pp. 163-183). NY: Russell Sage Foundation.

Rogoff, B. (1998). Cognition as a collaborative process. In D. Kuhn & R. S. Siegler (Eds.), *Handbook of Child Psychology, Vol. 2, Cognition, Perception and Language* (5th ed., pp. 679-744), New York: Wiley.

Rose, J. S., Medway, F. J., Cantrell, V. L., & Marus, S. H. (1983). A fresh look at the retention-promotion controversy. *Journal of School Psychology, 21*, 201-211.

Rosenthal, R., & Jacobson, L. (1968). *Pygmalion in the Classroom: Teacher Expectation and Pupils' Intellectual Development*. NY: Holt, Rinehart & Winston.

Rutter, M. (1983). Stress, coping, and development: Some issues and some questions. In N. Garmezy et al. (Eds.). *Stress, Coping, and Development in Children*. NY: McGraw-Hill.

Schweinhart, L. J. & Weikart, D. P. (1998). High/Scope Perry preschool program effects at age twenty-seven. In J. Crane (Ed.). *Social Programs That Work* (pp. 148-162). NY: Russell Sage Foundation.

Schweinhart, L. J., Barnes, H. V., & Weikart, D. P. (1993). Significant Benefits: The High/Scope Perry Preschool Study Through Age 27 (Monographs of the High/Scope Educational Research Foundation, 10). Ypsilanti, MI: High/Scope Press.

Snow, R. E. (1995). Pygmalion and intelligence. *Current Directions in Psychological Science, 4*, 169-171.

Stipek, D. J., & Ryan, R. H. (1997). Economically disadvantaged preschoolers: Ready to learn but further to go. *Developmental Psychology, 33*, 711-723.

Washington, V., & Oyemade, U. J. (1987). *Project Head Start: Past, Present, and*

Future Trends in the Context of Family Needs. NY: Garland.

Weiner, B. (2000). Intrapersonal and interpersonal theories of motivation from an attributional perspective. *Educational Psychology Review, 12*, 1-14.

West, J., Denton, K., & Germino Hausken, E. (2000). America's kindergartners: Findings from the early childhood longitudinal study, kindergarten class of 1998-99. Washington DC: U. S. Department of Education, National Center for Education Statistics.

Wolf, D. A., & Sonenstein, F. L. (1991). Child-care use among welfare mothers: A dynamic analysis. *Journal of Family Issues, 12*(4), 519-536.

Zigler, E. F., & Styfco, S. J. (1993). *Head Start and Beyond: A National Plan for Extended Childhood Intervention*. New Haven, CT: Yale University Press.

Chapter 7

親職教育社區的資源運用與行銷

- 實施親職教育應考量的原則
- 親職教育的實施方式
- 親職教育社會資源運用
- 親職教育之行銷

辦理親職教育之最大目標是幫助父母能成為有效之父母，而園所或學校是此活動的組織者或資源整合者。面對當代父母與家庭的多元且複雜的問題與需求，單靠一個機構或學校來完成此種任務，幾乎是不可能的事，所以，學校與機構需要更多的社會資源，而資源的充分運用更是行銷的概念。

「親」是指父母親，「職」是職責，親職教育就是培養所有的父母成為健全的父母，使其明瞭如何善盡父母職責。

家庭是孩子第一個步入的社會單位，父母則是一位照顧、教養與協助孩子社會化的人；一旦父母停止其角色的扮演，社會將無法倖存，而人類文化勢必難以延續。所以，人類族群都應有其代代相傳、上一代照顧教養下一代的一定義務與責任。然而，一對夫婦往往因為孩子的降臨世間，自然而輕易的成為父母，反而減損了自己對親職責任的領悟。也因此，整個社會未能要求其成員在為人父、為人母之前需具備成為有效能父母的專業知能。結果父母們只得根據自己社會化的經驗來教養子女。但是，在急遽變遷的社會，這些經驗自然需要調整與改進；而且，許多初次為人父母者未能有理想親職角色的仿同對象，而在錯誤的嘗試中學習。這些父母急需求助於國家、社會、學校與家庭的網絡支持系統與環境，來協助他們克盡與善盡父母親的職責與本分；而親職教育就是這個提供支持系統中重要的一環。

對每個孩子來說父母是兒童第一位，也是最重要的啟蒙老師，其言行舉止受到父母的影響很大。舉凡學前教育準備（preschool readiness）以及入學後的持續關懷與輔助（continued support and assistance），都會影響兒童學習與成長。而父母不是天生就擁有當父母的角色，他們需要後天的學習與教育，親職教育即是父母的再教育，其目的在：

1.促使父母具備兒童身心發展知識，以促進兒童健全發展，使兒

童能依照自我的需求，分階段性成長。

2. 促使父母瞭解其行為對兒童的影響及職責角色的重要性，使父母在進行管教與照顧時，能妥善依照兒童發展的方向，影響兒童之行為。

3. 促使父母具備解決親子問題的能力，並協助子女有效地解決問題，使危機變轉機，陪同子女成長。

4. 培養父母對子女的愛心，並接納子女，使子女在愛的教育中成長，養成樂意接納他人的群性習慣。

5. 培養父母表現冷靜、舒坦、輕鬆自然而穩定的情緒與行為，使父母能心平氣和地面對子女的各種行為，並理性地加以解決與判斷。

6. 促使父母學習管教子女、與子女有效溝通的方法。

7. 促使父母協助子女成長及自我成長。

8. 促使父母維繫良好的親子關係，避免子女行為問題的產生，並促進其身心健全發展。

親職教育之實施，可幫助家庭達成下列功能：

1. 促使父母瞭解親職教育的基本任務：包含進行對子女的養育工作；培養子女養成良好的生活習慣，與正確的行為規範；提供子女經濟資源與社會資源之運用；導引子女具有正確的學習態度，與健康的人格發展。

2. 讓父母明白應具備的教養態度：在教養子女態度上應常給予子女親切的關注，並建立子女的自信心與自尊心；溝通時以合理的獎賞與懲罰，正確的輔導理念與技巧，以達自我實現的最終目標。

3. 親職教育在培養未來健全的父母：過程是漸進的，目標是長遠的。

4. 具有矯治意義：親職教育透過課程的學習、觀念的改革、輔導

技巧之訓練等方式，來改變其不適當教養方式，而成為有效能
的良好父母。

5.具有強固安和樂利的社會功能：在喚醒父母負起教育子女的職
責，勿將教育子女的責任推給學校或社會，發揮親職教育的社
教功能。

6.具有建設光明遠景的國家功能：父母將子女教養妥善，即是為
國民教育奠下良好基礎。

第一節　實施親職教育應考量的原則

親職教育的內容端視父母的需求而定（林家興，1997），應用
社區之三級預防觀點，將親職教育以多層次的方式實施（參見第二
章）。需要三級預防親職教育的父母是屬於高危險群的家庭，其子女
可能已產生嚴重的偏差行為而導致犯罪坐監，或因父母不當管教或暴
力導致兒童虐待，甚至被安置於寄養家庭或機構作安置輔導。為了讓
女子能返回原生家庭，這些父母需要更多的協助與教育。

據此，親職教育是支持性、亦是補充性、更是替代性之兒童少
年福利服務。支持性兒童少年福利服務功能和目的在增進及強化家庭
功能，使原生家庭成為兒童少年最佳動力來源，並營造良善的家庭環
境，主動提供積極性福利，滿足兒童少年身心成長需求，提供技能學
習與社區服務的機會，為公民社會養成之準備。補充性兒童少年福利
服務的目的在彌補弱勢家庭對兒童少年照顧之不足，提供家庭系統外
之福利服務，協助高危機兒童少年邁向獨立自主之路。此類福利服務
對象以家庭扶助為主，內容包括生活津貼、醫療補助、居家照顧與家
庭外展服務等。替代性之兒童少年福利服務其主要乃在針對高挑戰兒
童少年生存與成長受到威脅時，以公權力介入，提供全部替代家庭照
顧功能之保護性福利服務。服務內容包括各項少年保護與安置工作，

以及對兒童及少年之父母施行強制性親職教育輔導。由此說來，親職
教育的對象可以是一般的家庭，亦可以是高危險群的家庭。Kumpfer
（1991）指出，屬於高危險群的父母包括：未成年父母、流動勞工、
上癮的父母、特殊兒童的父母、領養父母、寄養父母以及孤兒院的保
母等。由於他們的特殊身分和處境，通常不知道，而且也不願意參加
親職教育。Forward（1989）更以有毒的父母（toxic parents）來形容高
危險群的父母。所謂有毒的父母，是指父母在不知不覺中傷害自己的
子女（林家興，1997）。這些父母特徵包括有：

1. 無法勝任教養子女的父母，經常只顧自己的問題，把子女當成
   小大人，反而要求子女來照顧他們。
2. 主宰慾強的父母，用罪惡感來控制子女，甚至過度地照顧子女
   的生活，讓子女沒有自己的生活。
3. 酗酒的父母，把大部分時間精力用在否認自己的問題，置子女
   的生活與成長於不顧。
4. 精神虐待者，經常嘲笑、批評、挑剔、諷刺、數落、吼叫、謾
   罵或侮辱子女、打擊子女的自尊心。
5. 身體虐待者，動不動就發脾氣、責罵子女、體罰子女，用體罰
   來控制子女的行為。
6. 性虐待者，對子女毛手毛腳，玩弄子女的性器官，和自己的子
   女亂倫。

除了家庭有不同的特徵之外，家庭亦有不同的組成，例如，單親
家庭、隔代教養家庭、重組家庭、外籍配偶家庭、僱用外勞照顧子女
之家庭、身心障礙兒童之家庭等，其對親職教育之需求也各有不同，
故實施親職教育對此不同型式之家庭應有不同之著重點（**表7-1**）。

兒童托育服務是補充性兒童福利服務，是社區預防的第二道防
線；也就是在社區利用一些補充性方案，目的在彌補家庭對其子女照

表7-1　不同家庭型態實施親職教育之重點

家庭型態	親職教育重點
單親家庭	・辦理成長團體及聯誼團體，強化社會支持體 ・辦理單親子女親子活動，以豐富單親家庭子女成長經驗 ・注意不作二度傷害或貼標籤 ・採用多元的活動方式
隔代教養家庭	・協助祖父母認識及做妥善安排家庭生活，維持良好的健康生活 ・協助隔代教養家庭建立良好的溝通管道 ・協助祖父母充實文化，減少祖孫間的隔閡 ・協助祖父母對自己的責任有正確的認識 ・協助祖父母認識及瞭解孩子的發展階段與生理行為課程 ・協助祖父母紓解教養責任壓力 ・讓祖父母對教養工作有經驗分享，並給予支持
重組家庭	・適時的支援繼父母親，提供重新建立良好關係的方法 ・教導父母認識孩子的身心發展階段 ・設計多樣親子活動 ・避免貼標籤並保留家長隱私
僱用外勞照顧子女家庭	・瞭解每個家庭僱用外籍女傭的狀況 ・請家長以身作則 ・請家長認清自己的角色 ・運用多元的親職溝通管道，例如：定期的電話聯絡、每天書寫聯絡簿……
有身心障礙子女家庭	・認識家庭功能與成員責任，及面對事實及調適方法 ・增進孩子特殊需求的瞭解及合理的親子互動方式 ・設計能支持家長情緒，紓解壓力的活動 ・解說相關法規，引介社會資源 ・積極督促家長參與孩子個別化教育計畫 ・時間須長期持續，不斷地追蹤評估並調整方法 ・結合社會資源，才能真正解決身心障礙兒童及家庭問題

顧功能不足或不適當的情況。換言之，當父母親角色扮演不當，導致親子關係的嚴重失調，於是透過家庭外之系統給予補充或輔助，使其子女繼續生活在原生家庭中，而不致受到傷害。所以說來，托育服務是具有補充父母角色暫時缺位的功能，「照顧」和「保護」為兒童托育服務之首要工作；「教育」則為兒童托育服務之附帶功能。兒童福利服務是服務兒童及其家庭，兒童托育服務一方面提供兒童的「照顧」和「保護」，另一方面提供兒童「教育」與父母的再教育。而親職教育是支持性兒童福利服務，也就是透過家庭外之資源給予原生家

庭的支持，其也是社區預防的第一道防線。故兒童托育機構推動親職
教育應要掌握下列各項原則（**表7-2**）：

表7-2　親職教育的實施原則

項目	內容
活動目標	在舉辦任何活動之前，應先確立其主旨及目的。方向可分為聯誼性、綜合性、矯治性及預防性等，目標確立後，實行的方針才能發展，並應預估活動效果。
參與對象	1.實施對象：以同質的家長參加一次活動較適宜，分類方式有：子女為同齡或具有特殊問題；家長的地域、職業相同等。活動主題、方法及材料因參加對象而異。 2.支援人員：包括專家、學者、社工人員、醫生、少年法庭法官、模範父母及主辦單位等。
活動方式	活動進行方式主要有研習營、討論會、演講、讀書會、參觀、刊物、戲劇表演、家庭訪問等，視活動規模擇一或數項進行。
活動程序	即節目之安排計畫，若活動期間較長，宜動、靜態相間；若僅進行一項活動，則宜限定在兩小時內。
活動時間	宜安排在週六下午、週日或平時晚間，配合參加對象之時間。若為親職教育專題，可以四到八週為一循環期，每週一次，每次以兩小時為限。
活動地點	選擇適當場地，可考慮利用文化中心等較大的場地舉辦。

1.配合教保目標：推行親職教育是希望在家長配合下，促使教保目標充分發揮其功能，故活動的內容須配合教保目標進行，方能奏效。

2.切合家長需求：活動是以家長為對象，內容的安排需考慮家長的興趣、時間與需求，才能誘發家長參與動機。

3.擬定周詳的實施計畫：無論是動態或靜態，短程或長程的安排，都必須針對家長需求周詳地計畫，方能順利進行。

4.善用社會資源：在推動親職活動時，如舉辦演講、座談活動等，善用社會資源來幫助活動成效，更能增加活動的豐富性。

5.充實輔導知能：除了平日的教學活動，老師更須具備輔導知能，以充分協助家長解決問題。

6.活動安排具變化性：為促使親職教育達到最大成效，活動安排上宜多變化，以吸引家長投入。

7.活動的評估與回饋：每次活動結束之後，都應檢討活動內容的得失，以作為未來活動的改善依據。

第二節　親職教育的實施方式

親職教育之實施依內容可規劃成親師溝通、家長參與及親職教育三部分，茲分述如下：

一、親師溝通方面

1.隨機談話或電話聯繫：可以和家長建立良好的互動關係，分享孩子在園所發生的事情、值得分享的行為或需要溝通進行改善的事情。

2.父母接待區：父母接待區是一個歡迎、溫馨、明亮、空氣流通、有舒適桌椅以及能促使幼兒父母彼此間、父母與保育員之間，以及保育員間放鬆地交換資訊的區域。

3.家庭訪問：老師到幼兒家做訪問，並進一步瞭解幼兒的家庭環境，以及幼兒在家中的表現。

4.家長手冊：作為與家長溝通的第一份書面資料。

5.諮詢服務：提供仔細和組織的方式檢視幼兒的學習經驗。

6.聯絡簿：作為親師個別化、即時溝通的橋樑；幼兒父母與保育員藉著家庭聯絡簿，可以一週或二週交換一次對幼兒不同情境中較深入的觀察。

7.意見箱：對於來去園所匆忙、害羞或具有比較敏感問題的家長，這是另一種管道。意見箱應置於明顯易見處，設計成歡迎家長使用的感覺。

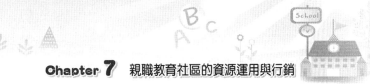

二、家長參與方面

1.親子活動：園遊會、親子運動會、趣味競賽、親子郊遊……，以表演或活動方式促使親子互動，並聯絡親師感情。
2.家長資源：職業及專長的示範、特殊嗜好介紹、教學資源的蒐集。
3.家長參觀教學：讓家長瞭解園所各項措施、老師的教保活動和孩子的學習表現；儘量在自然的情境中進行為原則。
4.團體會議：舉辦母姐會、懇親會、座談會、演講、研習會等活動，與專家研討子女教養問題，家長間亦可藉機交換、分享彼此的經驗。

三、親職教育方面

1.親職教育講座。
2.園所園訊：園訊是作為親師溝通及親職教育的一種定期刊物，通常以每月發行一次為宜。
   (1)「教學篇」：介紹各班教學活動情形。
   (2)「新知天地篇」：可幫助家長澄清與整理教養上的困惑。
   (3)「蒙特梭利教學系列」：所長介紹蒙特梭利教學的理論與解惑。
   (4)「我從孩子身上學習」：老師欣賞孩子與對自己教保工作期勉的話。
   (5)「童言童語篇」：記錄幼兒在園所的趣聞。
   (6)「餐點篇」：本月餐點的介紹，並附上熱量及營養成分。
   (7)「活動花絮篇」：戶外教學活動相片紀實、介紹適合親子共樂的活動、遊戲的技法與注意事項、有關親子方面的活動看板。

(8)「家長分享篇」：家長提供教保資訊及分享的話。

(9)「活動預告篇」：預告近日活動及需要家長幫忙、配合的事。

(10)「附錄篇」：摘錄有關親職教育機構暨諮詢單位之聯絡方式、政府行政機構之兒童福利服務單位、園所附近之消防、醫療、學校、警政聯絡方式等。

3.家長座談會：是親師面對面正式溝通的重要會議。

4.布告欄：對於較獨來獨往的家長，公布欄是使其獲得有關幼兒與保育機構各種資訊的地方；在醒目的地方設置布告欄，可張貼陳列有關幼兒教育、保健的文章、預告園所的活動、家長須知、有關親職教育的文章等。

5.圖書借閱：園所可把親職教育書籍或幼兒圖書借給家長帶回家閱讀，作為親職共同閱讀，連結園所教保活動的機會。

第三節　親職教育社會資源運用

隨著兒童年齡的增長，其生活世界也逐漸地從父母的懷抱及家庭成員，擴大到周邊及其他社會環境，並逐漸受到同儕朋友以及報章雜誌、電視、網路等大眾傳播媒體的影響。這些大環境中的影響力，在兒童上學之後繼續擴大，成為一股不可忽視的教育動力與資源。許多教育研究都指出，這些動力與資源，若不能與學校教育相配合，將造成許多不良後果（Honig, 1982; Hymes, 1975; Powell, 1989）。

隨著社會工商結構的變化，雙薪家庭增加，父母與孩子在一起活動的親子時間因此減少。另外，網路及其他傳播媒體的發達，也擴大兒童及青少年的視野與學習範圍，使孩子們受到各種不同環境的影響，間接地減少了學校的功能。尤其兒童在學校受到管教的時間，每天平均最多也不過三分之一，因此，要改進教育，提高學習成效，

改變人民素質，除了學校方面，更需要家庭的合作、父母的參與及全體社會的協助才能達成。在美國，近一、二十年來的教改運動中，結合家庭、學校、社區的力量來改善教育即為施政重點之一。例如：在2000年教育目標中，即有一項呼籲每所學校需盡力倡導及建立與家庭的合作關係，促進家長對教育的積極參與（U. S. Department of Education, 1997；引自賴佳杏，2004）。此外，1996年美國柯林頓總統夫人希拉蕊所著《同村協力》（*It Takes A Village*），特別強調家庭和社區參與教育工作的必要性（Clinton, 1996）。

一、親職教育社會資源運用之重要性

家庭、學校、社區此三者夥伴關係及福利社區化網絡建立，對兒童及其父母教育的重要性可從下列幾方面觀之：

(一)時代潮流趨勢

在民主國家，各國皆重視社會、家庭對學校教育的支援和投入，期望在親師合作下，營造更好的教育願景，給孩子多元的學習環境，一起帶領孩子適性發展。

(二)分擔教育責任

教育需要親師共同關懷、協助，學校教育需要社會、家庭、學校來分擔教育的責任，如此，孩子的學習、成長才能有全方位的發展。

(三)共同參與成長

學校是社區的學習中心，而社區是學校教育場所的延伸，家長的參與及關懷學校教育，不但能得知教育現況，協助孩子成長，更可藉此拉近親師間及親子間的距離。現在是親師合作的時代，家長不但能藉此來自我成長，同時家長參與學校教育也是世界潮流的趨勢（邱花

妹，1998）。

親師合作以及親職教育之福利社區化的概念，國內學者如賴國忠（1998）綜合方崇雄（1998）、林振春（1997）、湯梅英（1997）等人的研究，提出「學校社區化，社區學校化」的夥伴關係理念。此外，王秀雲（1999）強調可利用「參與式的設計」來涵蓋行政、教師、社區、家長和學生多項交互作用的夥伴關係，適時的加入校內教職員生與家長方面夥伴關係。

二、網絡特性與服務整合

親職教育的兒童福利服務對象是兒童及其家庭，而其規劃之目的應以整體性兒童及其家庭服務需求所需的網絡及針對兒童與其家庭的服務網絡。網絡係指一包含各機構間平行的協調、分工和合作，同時也是一個垂直的層級節制體系的立體概念，網絡本身是任務取向而非機構取向（萬育維，1994）；網絡需將單一線性的資源整合串聯形成制度性的網絡，同時應包含各專業領域水平之結合，以及政府與社區間垂直之結合（陳皎眉，2000）；而一個良好的工作網絡應該是一個具有整合性、有效回應能力的反映體系，將服務藉由網絡運作，提供給被服務者（馮燕，1996），以下則從網絡特性、服務整合兩方面來說明之。

(一)網絡特性

網絡（network）著重於公共組織與外部環境互動關係的建構，就網絡的組成性質而言，網絡的組成包含大小（size）、密度（density）、組成成分（composition）等，其中組成份子的同質性與相似性程度，可以判斷網絡的密度與互動，若同質性越高，則網絡的密度亦較高，關係亦較持久。在網絡的連結部分，是指互動的強度或

深度（intensity）、多元性（diversity）、持久性（durability）、對稱性（reciprocity）等，個體與個體間關係是否對等，彼此連結關係的認定是否相同，與彼此間互動是否雙向交流，都是網絡連結成功與否的關鍵因素（蔡勇美、郭文雄，1984）。

(二)服務整合

服務整合（service integration）與合作（collaboration）、協調（coordination）、人群服務整合（human service）及單一窗口（one-stop shopping）等概念相似（Hassett & Austin, 1997）。以下針對服務整合的目標及原則來探討：

◆服務整合的目標

兒童及其家庭服務為何要強調服務整合呢？由於兒童及其家庭服務的提供需結合政府與非政府部門的資源，可能是服務資源都存在，可及性（accessibility）也沒有問題，但這些資源可能是支離破碎（fragmentation），或是重複使用而造成浪費。因此，期待經由服務整合以填補服務需求的落差，建立無縫隙的服務（seamless service），以及藉由服務整合使既有的服務發揮最大的效率（Hassett & Austin, 1997）。

◆服務整合的原則

應有分散化、夥伴關係、團隊工作、授權與排除抗拒的原則（Adams & Nelson, 1997）。尤其在服務整合的過程中，專業與專業之間、組織與組織之間的界線（boundary）會愈來愈模糊，難免會有界線被侵犯所引發的抗拒，要排除抗拒，應從管理實務來改善，如高階管理階層的投入與支援，有助於降低個人與組織抗拒（Halley, 1997）。在實務經驗上有些服務網絡嘗試了一段時間之後，由於沒有充分的時間、缺乏明確的目標、缺乏政府領導階層的支持、缺乏明確

成本效益，以及擔憂地位與權威遭受侵犯而導致的缺乏安全感等，均導致服務網絡的失敗（O'Looney, 1997）。

三、運用親職教育與社區連結及網絡建立

(一)與社區連結之內容

托兒所與社區有緊密的地緣、人文關係，托兒所在社區中，故與社區連結，必須考慮到社區的需求與條件，同時激勵家長及社區居民，參與服務並持續推展，適時評估調整，如此才能做到真正的連結。聯繫內容如下：

1.托兒所為社區內的兒童福利機構，可提供托育的服務，並與社區之教育、衛生單位密切聯繫，以及相互配合，共同發展社區內幼兒的福利。

2.托兒所除了自身應有的安全觀念與防護措施外，也應與社區相關資源結合，共同維護幼兒安全而努力。例如：失火時逃生方式、意外事故緊急處理方式、急救訓練等，都可與社區相關單位結合，由這些機構提供師資，教導正確的觀念與方式，同時，可協助社區舉辦各種有關兒童安全的課程（活動），讓居民共同重視並維護兒童的安全。

3.托育機構有配合推行社區活動之義務，例如：宣傳環境衛生、加強社區內家庭合作團體、家庭健康教育、舉辦國民須知座談會、家長聯誼會、親職講座，提倡正當家庭娛樂，轉移社會風氣，使社區成為養育子女之優良住宅區。

(二)網絡建立之範疇

親職教育實質之意義即是利用社區資源提供家庭支援，並將服務

資源整合成網絡，其範疇包括需要幫助的家庭、提供幫助的學校（托育機構），以及社區其他專業機構或團體的共同參與。工作內容分述如下：

◆**家長參與**

作為良好的教育夥伴，父母能協助的事情包括以下幾項：

1.幫助小孩做好上學的心理建設。
2.關心孩子課業，予以適當輔導。
3.對於學校舉辦的活動積極參與。
4.主動與教師聯繫溝通。
5.隨時向學校提供建議與看法。

有些學者主張只要家長關心自己子女的教育所採取的行動就算是家長參與的一種；有的則認為須有特定的活動形式才稱得上是家長參與；更有研究指，出家長參與學校做決定的行列才算是參與（Goldring & Sullivan, 1996）。參酌國內外文獻與我國家長參與之現況，「家長參與」係指任何足以讓家長加入教育過程的活動形式，這種參與包括在學校內發生的，也包括於校外與家中進行的活動（鄧運林，1998）。

◆**學校參與**

為促進教育夥伴關係，學校應負主導責任，可做的具體工作如下：

1.教導父母如何做好父母：可透過親職教育研討會，藉此提供父母一些親職知識與技能教導如何撫育各年齡及發展階段的兒童。
2.與父母保持密切聯繫：
　(1)可透過召開家長會、親師座談會，說明學校的教育理念、討論學校事宜、談談孩子的狀況，做好雙向溝通，及彼此如何

合作等。

(2)教師亦可利用電話或家庭訪問，瞭解學生狀況。

(3)利用家庭聯絡簿來當作家長與父母之間的橋樑，要求學生帶回給父母簽字，以便讓父母瞭解孩子在校的情形。

3.為擴展福利服務，托兒所必須與社區各個專業人士和機構加強聯繫，方式可以為：

(1)聘請地方領導人士或專任人員擔任托兒所顧問，使托兒所獲得地方人士的充分支持與引導。例如：小學老師、校長、醫生、教授、鄉鎮長等。

(2)歡迎社區人士到托兒所來參觀。一方面可與社區建立良好關係，另一方面可聽取他們提出寶貴意見，但是為了使參觀者詳細的認識托兒所，並避免干擾幼兒的活動，對於來參觀的人數與時間，必須加以限制，並事先作妥善的安排。

(3)由托兒所主辦或與相關機構合辦有關家庭及幼兒福利的規劃及活動，公開邀請社區的人士、家長或幼兒來參加，以協助社區推廣幼兒教育及親職教育。例如：舉辦媽媽教室、幼兒園遊會、親子同樂會、親職教育演講座談會、影片欣賞等。

(4)提供幼保相關科系學生托兒所觀摩實習，給予有計畫的指導，同時也可以作為聘請新保育人員來源之一。

(5)配合托兒所的教學計畫，邀請社區的資源人士，參與幼兒的活動，例如：邀請牙醫為幼兒示範正確的刷牙方式、邀請麵館師傅教幼兒做水餃。

(6)所長及保育人員皆加入社區內幼教的相關機構組織，應邀出席有關家庭及幼兒福利的集會，積極參與其活動，提供有關家庭及幼兒福利的專業意見。

(7)善用社區資源與大眾傳播機構，辦理並宣傳家庭衛生保健及育嬰知識，並提倡有益幼兒身心的教育廣播電視節目。

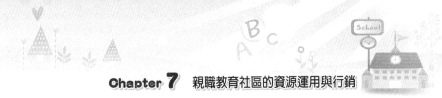

(8)提供場地給社區辦理各項親職教育活動，及善用社區公共設施以利教保活動之進行。

◆社區參與

在社區與學校的關係中，社區若未能獲得學校教育的協助，社區的發展將會有所阻礙，社區需求的滿足與生活品質的提升，將無法有效達成。因此，社區與學校應相互配合，使教育系統與社區人文環境相結合，營造出活潑而有吸引力的學習環境，發揮教育的最大功能。所以，建立教育夥伴關係的基本策略應是發展自身成為學習型組織，使得社區能結合家長與學校，在平等、互助及互惠的原則下，建立支持、協助及互動的管道，彼此建立雙向性的合作，充分利用社區與學校的資源並成為相互支持的網絡，促進學校教育與社區的健全發展。

◆社區機構參與

社區機構，包括政府、公／私立機關，有許多教育資源，若能積極投入學校教學，對學生的學習有莫大助益，其具體工作包括：

1.能讓在職父母於上班時間請假參與學校活動。
2.員警單位與家庭及學校合作，維護學生守法及校外安全，並預防學生的不良行為。
3.利用晚間及週末借用學校場所及設備來舉辦文教活動，服務家長及學生。
4.提供托兒場所，舉辦親職教育講座及討論會來幫助員工教育子女。
5.提供資源支援學校辦理教育活動並營造學習機會。
6.提供獎金幫助貧窮學生。
7.提供課後輔導協助學生。
8.提供參觀或暑期實習的機會。

第四節　親職教育之行銷

一、親職教育之服務行銷

　　行銷大師Kotler（1982）將行銷（marketing）界定為：分析、規劃、執行與控制計畫，目的是為了建立目標市場自願的交換價值以達到組織的目標。黃俊英（2005）認為行銷強調為達成組織的利潤和其他目標，行銷者必須更有效率地整合各項行銷活動，以滿足顧客的需要與欲望。所以說來，行銷是根據目標市場的需求，設計組織所能提供的產品或服務，同時也利用有效的定價、宣傳、配銷管道，為市場提供資訊、刺激與服務；而服務行銷（service marketing）即是「告知與販售」及「顧客需求滿足」。將行銷之概念運用於親職教育或家庭福利服務時，教師或計畫規劃者必須要確定可以擁有行政資源和執行能力，以及確定社區中各式各樣的專業資源，並能找到該計畫所需、且樂於參與並從參與中學習的家長。

(一)落實親職教育與社區結合之做法

　　家長參與孩子的教育含括有教育上、道德上及法律上的理由。照顧孩子是父母親的主要責任，家長應參與相關子女教育方面的決定；任何教育課程的成功與否，家長參與是關鍵的因素。特別是設計給有特殊教育需求兒童的課程（Bronfenbrenner, 1974），當家長與學校成為合作的關係之後，和兒童一起合作可以超越教室這個空間，在校學習及在家學習可以變得互相支持。因此，落實親職教育與社區結合時，親師合作是必然趨勢，且要將服務資源擴及至社區以成為福利服務社區化，其做法可為：

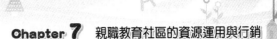

1.讓家長認同學校與社區結合的重要性，並一起推動充分達到共識後，才更具凝聚與支持的力量。

2.與社區合作一同舉辦活動，增進彼此良好互動關係，例如：愛心義賣、節慶活動、運動會等。

3.邀請社區團隊進行互動交流，如邀請社區學苑媽媽教室、專業人士做課程指導。

4.社區內資源共用，例如：衛生所提供衛教課程教學；參觀郵局、警察局、社區商店等。

5.鼓勵學校家長與社區居民，參與各項活動培養生命共同體的理念。

6.提供社區相關資訊服務，開放與親職有關之圖書、資料借閱。

(二)兒童福利機構提供之多元化福利服務

資源是有限的，我國兒童福利之資源可分為官方正式資源及民間團體資源等。托兒所是兒童福利之補充性服務，最重要在支持父母親照顧子女功能不足之時，提供一種暫時照顧的場所，目的在於支持或補充父母之角色。而親職教育更是園所連結父母與社會支援接觸最佳方式，更是兒童福利之支持性服務最佳資源。由於政府單位擁有的資源極為有限，因此，利用托育機構或學校提供家庭支持的兒童福利服務（例如親職教育）以提供福利服務的多樣性及多元性，更是合乎世界潮流趨勢，以及建立社區性兒童福利資源網絡。

萬育維（1992）指出，福利國家政府介入社會福利服務，是為了保障人民生活不因生、老、病、死等不可抗拒的原因之威脅，用以維持一定的生活品質。而過度強調其福利的功能與期待時，已導致福利國家財政危機和科層體制上的危機。目前大多數福利國家採取的修正路線大部分是採取「與民間合作」的模式，或「鼓勵民間自行籌辦」的方式。此外，民間團體參與社會福利服務除了可以彌補政府科層體

制上的限制，在福利設計上比較有彈性和創新，更可從事實驗性的方法尋求有效的服務提供。為補充政府功能之不足，台灣地區民間兒童福利機構提供多元化之福利服務，包括：

1. 支持性兒童福利服務：兒童保護、未婚媽媽的服務、兒童及家庭諮詢服務、衛生保健諮詢服務、心理衛生工作、諮商與輔導。
2. 補充性兒童福利服務：托育服務、醫療補助、醫療服務、經濟扶助、家務員服務。
3. 替代性兒童福利服務：寄養服務、兒童收養、兒童安置與收容等服務。
4. 其他兒童福利服務工作：例如保母訓練、保育人員訓練。

(三)結合民間資源投入親職教育福利服務之重要性

結合民間資源投入親職教育福利服務，對兒童及其家庭福利整體是支持性兒童福利服務也是補充性兒童福利服務，重要性有三：

1. 民間團體的福利服務，以地區性和特殊性見長，既能針對地區的個別需求提供服務，並可提供特殊性的服務，以滿足具有特殊需求的個人。兒童在不同的發展階段，有不同的發展需求，此外，一般正常健全的兒童與特殊兒童，兩者所需的福利服務需求殊異，民間資源的投入，可以矯正國家福利服務工作偏重「全民性」、由政府福利機構提供標準化和制度化的福利服務及忽略了個人福利需求的個別性及特殊性的缺失，使兒童得到更具彈性而且周全的服務內涵。
2. 民間團體辦理的福利服務，能激發個人積極參與福利服務活動，透過民間志願、互助的力量，充分動員制度之外一切可資運用的資源，更經由民間自發性的相互影響，使兒童福利服務網絡得以建立。

3.國家在緊縮福利支出之際，更有待民間團體福利服務的積極介
　入，尤其兒童為一弱勢群體，在資源配置、利益分享的過程
　中，極易受到忽視，民間私人的投入，可以填補政府福利服務
　機構退出所留下的一些福利服務。

二、民間團體參與提供兒童少年福利──福利社區化

　　所謂「民間團體」，泛指依「人民團體法」籌組之職業團體、社
會團體和政治團體，以及依法成立之各類財團法人。這些民間團體，
都是由志趣相同的一群人或募集一定的基金，基於共同理想、目標或
共同利益，為達一定目標而籌組設立。團體雖各有其特殊性，但均具
有中介性、社會性及地緣性功能。所謂中介性功能是指成員可透過團
體向政府提出建言，增強服務內容的完整性，向下可配合政府的施
政，奉獻力量，出錢出力，提升生活品質。所謂社會性功能，是因為
團體都是公益性之社會組織或財團，對社會建設，促進社會福祉、和
諧，都承擔了些責任。至於地緣性功能，重在職業團體之農漁會、教
育會及社會團體之婦女會、獅子會、青商會、各種福利性協會，均設
有基層組織，其上級團體和其他人民團體之組織區域，及財團之設立
亦大都與行政區域相配合，足見其具有地緣性功能之意義（王國聯，
1994）。

(一)民間團體參與兒童福利服務之方式及其優點

　　民間團體參與、介入兒童福利服務之方式，一般而言有三種（王
國聯，1994）：(1)民間團體自辦福利機構提供福利服務；(2)由政府提
供福利設備或經費委由民間團體提供福利服務；(3)由民間團體提供財
源委由政府設立之福利機構辦理福利服務。也就是由民間團體提供人
力、物力和財力，參與社會福利服務工作。而為了保障一定水準之福
利服務品質，政府對民間團體辦理之社會福利服務，均訂有一定之標

準，以保障服務使用者（即消費者）的權益。

民間團體具有現代社會的功能，其參與社會（兒童）福利服務，與政府機構辦理社會福利服務，有其不同之處，其相異處正是它的優點，茲分述如下（Seader, 1986；王國聯，1991）：

1. 政府福利機構的組織，其設立、組織、職掌有一定的法定程序，它無法隨著社會急速變遷的需要，適時修正政府機（構）關的組織法規，而民間團體在這方面彈性大，無此限制與缺點。

2. 政府機構用人政策受法規、預算等之限制。但民間團體之用人限制較少，且為提高服務品質，民間團體用人已逐漸朝向專才、專用之要求，如此一來，可減少市政費用的支出。

3. 政府機構較具全面性，須注意均衡發展，面面俱到。民間團體則可對特殊之對象及需要，在某一時段，對某些服務集中力量全力以赴，不必受普遍性之牽制。更可專注於其專長之服務，匯集所有可運用之力量予以支助，易獲效益。

4. 政府機構推展工作，需先有完整之計畫，故對突發事件之服務，常措手不及，不易應對，民間團體對於突發事件的應變能力因較具彈性，比政府機構更具應變力，藉由私人部門的效率，減輕納稅人的支付成本，並透過風險轉移或分擔的方式以降低政府所承擔的風險。

5. 政府機構常在某一時段性工作完成後，對應階段性需要而增加之員額，不易解決裁員問題；但民間團體可採「借調」、「聘僱」、「委託」等方式用人，於工作完成即行解除聘僱契約，沒有所謂裁員的問題。

6. 政府機構的科層體制，易形成官僚，作風保守，與民眾之間較易有隔閡，服務態度較差。民間團體的投入，可在不增加稅賦及服務費用支出的情況下，維持或提高服務的水準。

(二)民間團體參與兒童福利服務之提供方式

民間團體參與兒童福利服務，並不代表政府完全放手不管，事實上，政府仍舊必須負起監督及提供民眾所需服務的責任（Alan, 1986），只不過藉由市場化自由運作的原則——競爭及有效率的經營，試圖減低政府在社會福利方面的預算，同時又希望能不降低服務的品質；民間團體參與兒童福利服務是政府在面對日趨減少的福利資源，卻又不希望減少福利服務提供的多樣性所衍生出來的策略，於是，在減少公共福利部門的範圍和效率的要求下，這是不可避免的趨勢（謝美娥，1991）。

因此，民間團體參與兒童福利服務提供的方式，可有下列幾項（許榮宗，1987；吳老德；1988；孫健忠，1988）：

1.推展志願服務。
2.重視基層參與，建立社會支持系統。
3.商業市場的提供。
4.民間慈善與公益團體。

(三)民間團體參與兒童福利服務之準備工作

由於政府單位擁有的資源極為有限，因此，將來使用民間團體參與兒童福利服務的策略以提供福利服務的多樣性，應該是可以採行的辦法。在考慮民間團體參與兒童福利服務時，應準備下列的工作（謝美娥，1991）：

1.評估福利需求的優先順序。
2.對現有福利資源與措施的調查。
3.私立機構的財務管理與資訊系統是否完備。
4.私立機構是否要在組織功能上調整。

5.決定民間團體參與兒童福利服務的形式。

6.價格的決定。

7.設立限制（regulations）。

8.訓練政府行政部門的工作人員。

　　檢證歷年來內政部辦理獎助情形，發現內政部在嘗試拓廣政府與民間協調合作辦理兒童福利的方式上，包含下列幾種方式：(1)委託方式；(2)補助方式；(3)獎助方式；(4)公設民營方式；(5)決策分享（相對補助）方式。因此，社區內托育機構可依機構教學及托育計畫評估兒童及其家庭福利需求、結合社區相關專業蔚成資源網絡、設計親職教育方案、鼓勵園所（學校）家長與社區居民參與各項活動、在社區中倡導及宣傳活動理念、尋求民間慈善與公益團體或政府的委託或補助，以協助父母克盡及善盡職責本分，並提供家庭必要的支持與資源。

參考書目

一、中文部分

方崇雄（1998）。〈科技教育師資培育的夥伴關係〉。《中華工藝教育》，31(5)，8-12。

王秀雲（1999）。〈社區時代來臨的校園文化再造〉。《教育資料與研究雙月刊》，30，1-6。

王國聯（1991）。《我國工商業團體制度之研究》。台北：東華書局。

王國聯（1994）。〈漫談──民間團體參與社會福利服務〉。《社會福利》，11，26-31。

吳老德（1988）。〈社會福利與民間資源結合之探討〉。《社區發展季刊》，42，22-29。

林家興（1997）。《親職教育的原理與實務》。台北：心理出版社。

林振春（1997）。〈從社區與學校互動談如何落實學校社區化〉。《教師天地》，86，11-15。

邱花妹（1998）。〈親師攜手，共繪孩子的未來〉。《天下雜誌特刊》，23，150-153。

孫健忠（1988）。〈民間參與社會福利的理念與方式〉。《社區發展》，42，10-11。

許榮宗（1987）。〈結合民間力量興辦社會福利事業〉。《社會福利》，48，5-9。

陳皎眉（2000）。〈社會福利新紀元──談結合社區資源推動社會福利事業〉。《社區發展季刊》，89，22-30。

湯梅英（1997）。〈學校社區化──舊觀念？新口號？〉。《教育資料與研究》，19，2-8。

馮燕（1996）。〈保護性服務網絡之建構及醫療社工專業人員〉。《中華醫務社會工作學刊》，6，1-7。

黃俊英（2005）。《行銷學的天下》。台北：天下。

萬育維（1992）。「從老人福利需求來看政府、民間與家庭的分工模

式」。1992年國家建設研究會社會福利研究分組研究報告。

萬育維（1994）。〈青少年福利服務網絡與學生輔導工作〉。《學生輔導》，43，54-63。

葛婷（1997）。〈家園同心——實驗教室親職計畫之介紹〉。《幼教天地》，7，187-206。

蔡勇美、郭文雄（1984）。《都市社會學》。台北：巨流。

鄧運林（1998）。《開放教育新論》，頁204-223。高雄：復文。

賴佳杏（2004）。〈家庭、學校、社區三合一的夥伴關係教育〉。《網路社會學通訊期刊》，38。

賴國忠（1998）。〈營造學校與社區雙贏的夥伴關係〉。《北縣教育雙月刊》，24，58-60。

謝美娥（1991）。〈美國社會福利私有化爭議〉。《國立政治大學學報》，62，137-153。

Clinton, H. (1996)。〈同村協力教育兒童〉。《天下雜誌》（11月號），66-73。

二、英文部分

Adams, P., & Nelson, M. (1997). Reclaiming community: An integration approach to human service. *Social Work Administration, 21*, 67-82.

Alan, K. (1986). Privatization and America's cities. *Public Management, 68*(12), 3-5.

Bronfenbrenner, U. (1974). A report on longitudinal evaluation of preschool programs: Is early intervention effective? Washington DC: U. S. Department of Health, Education and Welfare.

Forward, S. (1989). *Toxic Parents*. New York: Bantam.

Goldring, E. B., & Sullivan, A. V. (1996). Beyond the boundaries: Principals, parents, and communities shaping the school environment. In K. Leithwood et al. (Eds.), *International Handbook of Educational Leadership and Administration*, 195-222. Netherlands: Kluwer Academic Publishers.

Halley, A. A. (1997). Application of boundary theory to the concept of service integration in the human service. *Social Work Administration, 21*(3/4), 145-

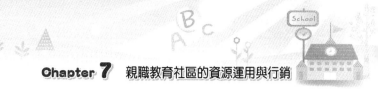

168.

Hassett, P., & Austin, A. (1997). Service integration: Something old and something new. *Social Work Administration, 21*(3/4), 9-30.

Honig, A. S. (1982). Parent involvement in early childhood education. In Spodek, B. (ed.), *Handbook of Research in Early Childhood Education*. New York: Free Press.

Hymes, J. L. (1975). *Effective Home School Relations* (Rev, Ed.). Carmel, CA: Hacienda Press.

Kotler, P. (1982). *Marketing for Nonprofit Organization* (2nd ed.). Englewood Cliffs, NJ: Prentice-Hall.

Kumpfer, K. L. (1991). How to get hard-to-reach parents involved in parenting programs. In Office for Substance Abuse Prevention (ed.), *Parent Training in Prevention* (pp. 87-95). Washington DC: U.S. Government Printing Office.

O'Looney, J. (1997). In progress toward service integration: Learning to use evaluation to overcome barriers. *Social Work Administration, 21*(3/4), 31-65.

Powell, D. R. (1989). *Families and Early Childhood Programs*. Washington, DC: NAEYC.

Seader, D. (1986). Privatization and America's cities. *Public Management, 68*(12), 6-9.

U. S. Department of Education (1997). *Achieving the Goals: Goal of Parental Involvement and Participation*. Washington, DC: U. S. Department of Education.

Chapter 8

家庭、學校與社區
合作之阻礙

- 老師、專業人員與家長之間的合作障礙
- 社區資源及支持網絡

　　推行家庭、學校與社區合作的夥伴關係，可能面臨來自教師（專業人員）及家長兩方面的阻力，該如何因應？在面對充滿變動與挑戰的21世紀，教育不但要改變傳統的心態觀念，因應社會變遷，滿足學童及家長的需求，掌握時代脈動，也肩負帶動社會進步、迎向社會和諧、幸福美好人生的責任。教育更是超越時空，不能僅在學校內進行，必須超越學校，將家庭、學校與社區三者結合，才能達成「學校社區化，社區學校化」的概念（賴國忠，1998），而「學校社區化，社區學校化」是推行社會教育的主流，也是當代教育改革的重要目標。

　　家庭、學校與社區各有各自的功能，影響力也不同，而且此三種也依孩子不同的年齡及社會文化而有不同的功能，但不可否認地，三者之間的互動所造成整體社會環境的影響，對兒童的發展與學習，具有決定性的影響。在現有的社會及整體大環境之下，唯有結合此三股力量，使其成為三合一的夥伴關係，才能真正有效地改革教育。因此，親師合作以有效運用社區資源是一必然的趨勢，一方面可支持學校教育的不足，另一方面可支持父母成為優質父母，強化家庭互動關係，培養優質的下一代，進而投效社區，成為好的社會公民，讓社區在滾動的時間巨輪下能負有傳承的責任。

　　當家長、學校、社區三者之間有彼此的利益，合作即容易展開，孩子也可因合作而獲得利益，但有時候關係卻無法順利展開，或存在彼此間的阻礙。阻礙存在彼此之間的差異性，諸如利益、態度以及優勢，互動與溝通是消弭彼此之間差異的最佳策略，誠如台灣的兒童在很小時候就存在兩個女人的戰爭（母親vs.奶奶），幼兒也是兩個女人的戰爭（幼兒園老師vs.母親），學童存在三個女人的戰爭（小學老師、母親及課輔老師），最大的原因就是彼此的觀點及角度觀點不同（通常假設照顧幼童是女性為主）。

　　Katz（1980）用許多向度來區分父母親和老師之間的差距（**表8-1**），分述如下：

1. 功能的範圍：父母親要關心所有生活，而老師只關心課業。

2. 情感的強度：父母在情感上（無論正向或負向）皆是強烈且高度的關心，而老師只能輕度表達對孩子的情感，他們較理性關心孩子的課業。

3. 依戀：父母親深深涉入持久的依戀，而老師只誠摯地關心孩子，而不會產生深度的依戀。

4. 理性：父母親對孩子是瘋狂地沐浴在無條件的情感中，而老師是深思熟慮且客觀分析孩子的能力與需求。

5. 自發性：由於依戀與情感的關聯，父母親的情感反應是立即性、直接性，而老師則似乎較冷靜且客觀。

6. 偏袒性：父母親似乎大部分較偏袒他們孩子的利益，而老師則被期待對任何孩子都不能偏袒或偏愛。

7. 責任的範圍：父母負責他們個人孩子的需求與生活，而老師則負責全體孩子的需求。

　　每個人皆有其個人的人格、性情、過去的經驗，目前的需求與狀況，都會決定個人的觀點與反應，如果彼此不能同理，就會形成彼此合作的障礙。

表8-1　在七個向度上區別母親和老師主要傾向的差異

角色向度	母親	老師
1.功能的範圍	擴散而無限	特定且有限
2.情感的強度	高的	低的
3.依戀	適度的依戀	適度的分離
4.理性	適度的非理性	適度的理性
5.自發性	適度的自發性	適度的計畫性
6.偏袒性	偏愛	公平的
7.責任的範圍	個人	整個團體

資料來源：Lilian Katz (1980). figure 1, p. 49.

第一節　老師、專業人員與家長之間的合作障礙

　　一般親職教育主要是面對家長與老師之間的合作障礙，除此之外，社會工作專業者在執行強制性親職教育更有其窒礙難行之處。

　　社會工作專業者對於保護弱勢的責任與決心是毋庸置疑的（王行等，2003），但是處理「強制性親職教育輔導」之個案仍是遭受一些困頓與瓶頸，因為這些個案常是因家庭中產生衝突或危機導致虐待和傷及兒童少年身心之不當管教或疏忽之行為，而且這些父母皆是「不願意」，但必須被「強迫」，甚至「強制執行」的非志願性案主，他們不像因生病需面對醫療專業之醫生或有法律訴訟問題需面對法律專業之律師般成為志願性案主，所以社會工作專業者面臨更多案主的反抗、面質。因此，王行等（2003）建議處理「強制性親職教育輔導」需要發展一些策略（例如多元文化、多元價值、關係建立、制定契約等）是必須的，而在建立執行之輔導策略之前，要先瞭解這些案主為何形成非志願性之原因。本節主要討論受強制性親職教育輔導之父母與親職教育之阻礙為何，分為三部分：因人性、溝通及外在之因素來加以討論。

一、因人性引起的阻礙

　　大多數的人都有強烈的欲望想保護自我形象，任何威脅到個人自我形象的觀點皆被視為一種障礙或阻礙，也都是個人所極力避免的威脅來源。在社工與案主之間的關係，若有人使用保護他自我觀念的行為，可能也會引發對方相同的防禦行為，而造成彼此之間的阻礙，可分為四部分加以探述：

(一)批評的恐懼

案主因害怕被別人指責、批評，因此避免任何可能接觸的來源，特別是對那些將孩子成功與正向功能的擔子放在自己身上的文化迷思和事實（例如望子成龍），大部分父母害怕的任何跡象顯示他們沒將工作做好，因此造成他們對任何改變之建議採取防禦之心理。基於這個原因，他們害怕對外尋找支持，即使在嚴重之情況之下，他們還是堅持自己解決問題。由於這些父母基於過度依戀，所以他們視自己的孩子為自己的延伸，所以如果對孩子有任何的負向批評也就是批評他們自己一般，所以這類父母很難願意接受別人的支持或輔導。

(二)隱藏在「專業」面具之下的恐懼

若社會工作者太強調以兒童少年為本位，而缺乏同理父母的角色，在未與案主建立關係時一直要強調專業形象及角色，此種行為可能會造成因對專業行為的誇大而威脅父母且拒父母於千里之外，而造成父母對參與親職教育的恐懼，這可能是社會工作專業者所不自知的。

案主（父母）自覺到主責社工在過度專業主義之下的自設距離，會在恐懼和怨恨之下對所有的支持及訊息撤退，而造成他們很難自主或自在的溝通。另一反應是案主會積極地去試著彌補裂隙，更進一步表明「堅持」的行為而使社會工作者轉變或害怕。

(三)失敗的恐懼

社工與案主合作是一種處遇進行的過程，但要建立關係必須要花時間和精力，而關係也僅僅是處遇的開端。社工期盼他們的努力有立即的效果，將會因此感到失望，而使他們興起放棄所有嘗試的念頭。例如，某位社工抱怨：「下次一定不再那麼麻煩去打電話，請家長來參與親職教育，在可以容納50位家長的場地中，只有5位家長出席，他

們都是應該且必須出席的,而且還有法令規定的,眞是大大地浪費了我的時間。」

(四)差異的恐懼

常常聽到家長們抱怨親職教育的演講太過深奧而且太過於形而上,這些溝通只要一些他們可以做得到而且可以馬上具有效用的策略。大多數的社工或親職教育講演者生活在中等或以上階層,而對於中等階層以外之生活方式、價值體系和思考方向,他們經歷得很少。當社工或親職教育講演者碰到各種背景、經驗和觀點的家長時,可能將他們歸爲同類,去假定他們的情況和行動。社工與案主即便彼此沒有很深的成見或偏見,根植於標準化(刻板化)的假定,會產生阻止了對個人人性和其眞實人格、需求和希望的阻礙。對案主而言,他們可能會去避免與那些行爲、溝通方式和期望與自己不同而造成他們不舒服的專業人士接觸。

二、因溝通過程引起的阻礙

社工與案主所傳達和接收的口語及非口語訊息,可能會經由感覺、態度和經驗的滲入而遭曲解,而造成彼此之間的間隙擴大,這些因素有對角色的反應、其他的情感反應,以及個人的因素所造成。

(一)對角色的反應

強烈的反應通常是因對方的角色所引起,例如,父母有自己以前過去的童年歷史,有些是正向的,有些是負向的。當一些案主,特別來自社經階層較低者,有過無數次和個案輔導者、社會工作者和其他權威人士接觸過的經驗,但是這些經驗皆是負向的,也因此造成其個人期待的形成而樹立了阻礙。

社會工作者必須要瞭解其對案主們不自覺的反應會如何,以及

案主和他自己父母關係的影響，所以社會工作者一定要摒除社會預期（social desirability）之期望。

(二)其他的情感反應

案主也許會害怕因為他們與社會工作者敵對時，孩子會對社會工作者找麻煩。有些研究發現，大約有五成一般家庭及六成特殊族種家庭中之家長，不確定將孩子放在托育中心時，孩子會被如何對待（Yankelovich, Skylly & White, Inc., 1977）。因為帶著不確定感，難怪家長們會害怕說出來的話會可能導致負面的影響。

另一個是案主會擔心社會工作者或老師會取代父母對孩子的影響力，依戀是一種相互的過程，而和孩子的深情關係滿足了父母許多的情感需求。Galinsky（1986）卻提出縱然證據顯示是相反的，但許多父母仍擔心孩子與社會工作者或老師形成關係而使親子之間的依戀喪失或被限制，因此對社會工作者或老師產生嫉妒和競爭之感覺。

相對地，老師或社會工作者自己也無法免除爭奪與孩子情感的競爭，特別是如果他們自己的感情需求在教室（中心）外的生活中無法獲得滿足時，和每個孩子建立有溫暖、深情的連結是很重要的，但社工或老師發現自己認為「能比孩子的父母親做得更好」或是「想要帶孩子回家當作親生子女來教養」時，就是社工或老師陷入於兩難的危險境界。父母是孩子生命中最重要之人，而且也是需要被支持。

上述之情感阻礙將使得案主與社工之間無法清楚地溝通。

(三)個人的因素

有些老師或社會工作者解釋其缺乏溝通是因為自己的個性或是其在社交場合的不自在，或是對案主的行為不能同理，甚至鄙視案主的行為，所以社會工作者應要摒除社會預期。此外，案主也必須常常提醒自己，身為一強制性親職教育輔導之案主，和專業工作者合作是應

做之事，所以彼此的自覺是有幫助的，而且要透過彼此之間的通力合作才能確保親職教育方案的順利進行。

三、因外在因素引起的阻礙

(一)Swap（1984）之研究

就像內在情感和經驗一樣，專業人員與案主的外在情境本身可能也會成為阻礙，這些阻礙包括：時間問題、過於忙碌、父母參與的舊式觀念、管理政策及個人問題。

◆時間問題

案主與老師（社會工作者）雙方無疑地都在時間的約束之下，如果沒有強制性之執行工作業務，社會工作者是否在行政管理策略上有提供親職教育之必要呢？而父母從來沒有足夠時間（尤其是貧窮或單親家庭）去滿足其生活的需求，但雙方都覺得一起合作或參與親職教育是很重要的（價值因素），必然會找出時間配合。

◆過於忙碌

專業人員及案主可能總是很忙碌，所以在時間上可以自由運用，在態度上能夠充分表示支持是很重要的，不然忙碌會變成一種外在阻礙。

◆父母參與的舊式觀念

由於過去二十多年的家庭結構和生活形式的變遷，父母參與、活動和期望也必須在時間、內容和形式上隨之改變。如果專業人員或老師繼續提供只是傳統形式和時間的會面、會議等（也就是Swap所稱的制式儀式），對於關係的建立與改變很明顯地是沒有幫助的（Swap, 1984）。

◆管理政策

有些學校或機構的政策對於案主與主管以外的職員之接觸和討論是不鼓勵或是禁止的，也許是擔心可能會產生非專業的接觸。這裡的阻礙是案主與孩子之主責社工關係建立的機會被剝奪了，而案主有空的時間，管理者或主責社工不一定有空，如此的政策也常常阻礙了有意願的父母參與。

◆個人問題

從案主方面來看，來自於個人問題的壓力也是主責社工與案主關係的一個阻礙。案主除了照顧孩子之外，還有許多其他生活事務可能也需要父母去注意與關心，但這樣的父母被譴責為不關心孩子。

(二)Kumpfer（1991）之研究

Kumpfer的研究（1991）歸納出父母參與親職教育的阻礙包括：費用太高、交通困難、托兒問題、沒有時間、缺乏興趣，以及機構與家長之間的文化差異。Kumpfer進一步分析，高危險群父母參加親職教育的阻礙是害怕、無知和沒空參加。

高危險群父母最主要是沒有時間參與親職教育，故以這些父母為招生對象的親職教育課程，必須要先解決其民生問題，再談親職教育（林家興，1997）。因此，在排除父母參加強制性親職教育之阻礙包括：費用問題、交通問題、托兒問題、缺乏時間以及缺乏興趣（林家興，1997），茲分述如下：

◆費用問題

強制性親職教育方案固然沒有收費之問題，當免費的方式仍無法吸引高危險群父母參與時，不妨考慮用獎勵的方式，例如，提供出席費、發給禮物、提供免費午餐等來鼓勵他們的參與，而當課程結業後也可用發放獎學金來鼓勵父母的出席與參與。

◆交通問題

　　如果交通是案主無法參與親職教育的原因，機構可以考慮用家庭訪問或「到府服務」之方式來提供親職教育。另外，也可以利用高危險群父母所居住附近的學校、社區、醫院或衛生所等機構來舉辦親職教育，以便案主能就近參加。除此之外，由機構提供交通車接送或負責免費或由義工接送也是一種可提高父母出席率的方法。

◆托兒問題

　　高危險群之父母，有些是單親父母，有些是孩子還小，有些是生活孤獨，缺乏社會支持。因此，托兒是他們生活所需，也因托兒之必要，而使得他們無法參與社區或家庭以外之活動，更談不上參加親職教育。

　　有關解決托兒之問題，可以由機構安排義工代為托兒，或由家長輪流托兒，或由機構與社區兒童福利中心一起合作，一方面父母可上親職教育課程，而子女可參加其他如社交技巧訓練、生活常規訓練或才藝訓練。

◆缺乏時間

　　許多高危險群之父母，整天為了忙碌生活，幾乎沒有多餘時間可以參加親職教育，解決此問題，可以用下列幾種方式（林家興，1997）：

1. 將親職教育活動與父母例行活動放在一起，例如上教堂、到醫院等。
2. 透過雇主或機關首長，將親職教育安排在父母上班的場所，例如利用上班午休時間上課。
3. 利用各種排隊等候的時間提供親職教育，例如到政府機構洽公或等車、坐捷運等。

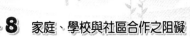

4.提供空中教學之錄影帶，或透過電視台、電台實施空中教學。

◆缺乏興趣

父母對親職教育方案缺乏興趣，通常是因為他們對親職教育的好處缺乏瞭解。興趣是可以培養的，機構可利用下列方式來提增父母參與親職教育的興趣：

1.請機構先做親職教育興趣調查，以瞭解父母對子女行為困擾之種類。
2.請曾參加親職教育課程之家長，現身說明親職教育的好處，以達到口碑相傳。
3.透過相關專業人員，如社工人員、心理輔導人員、醫師等的轉介，請他們轉介有需要上課之個案，並由他們同時說明參與親職教育的好處。
4.透過共同舉辦、共同參與，以達到團體決策，幫助親職教育之規劃、籌備和實施。

(三)王行、鄭玉英（2001）之研究

然而，強制性親職教育方案與一般親職教育不願與專業人員一起合作是有區別的，後者要克服上列的一些阻礙，而前者除了靠於法有據的規定、命令、學理說通的論述這些公權力之「師出有名」及「正當性」之外，最重要還是親職教育方案之執行者（通常是主責社工）有沒有用「非自願性案主」的觀點來進行處遇，並且進一步將案主的「非自願性」提升為「自願性」來接受專業的服務（王行、鄭玉英，2001）。

王行、鄭玉英（2001）認為將非自願性案主提升為自願性案主之輔導策略有七項，分述如下：

1.強制性親職教育之處遇過程，工作關係的建立是首要關鍵。

2.當社會工作專業界定這類群族為「非自願性案主」，而非不合作的病人及犯人，即是用一種積極性及發展性的思考及人性觀點。

3.需運用特殊的策略，要能考慮到其中的「權力與控制」之因素。

4.需要發展特殊的會談技巧以配合策略之運用。

5.強調「多元文化」和「多元價值」之尊重與理解。

6.不僅在會談的「方法上」有策略之運用，更重要的要選擇更適合「非自願性案主」的觀念，用同理的精神進行輔導工作。

7.由於「非自願性案主」的工作涉及「專業權力」、「公權力」、「人權」、「親權」等「權力與控制」之議題，因此，專業工作者「自己」的「後視反思」，比對「案主」的「分析診斷」更為重要。

(四)王行、莫藜藜、李憶微（2003）之研究

王行等（2003）也進一步整理出對「強制性親職教育輔導」的「理念模式」（ideal model），分述如下：

1.在處遇過程中能使「當事人」分辨出公權力之「個案管理者」與專業角色的「親職輔導者」之權能不同。

2.公權力介入後，當事人的情緒傷痛在「親職輔導」中能被處理。

3.當事人權益能有機會與「親職輔導者」合作，透過適切的管道與機制而共同爭取。

4.「當事人」在「親職教育輔導」的過程，被「親職輔導者」「引導」和被「個案管理者」增強，而瞭解到如何與「專業系統」合作以解決親職的困擾和不當親職所延伸的問題。

5.「當事人」在「親職教育輔導」的過程，被「親職輔導者」「引導」思考該如何與子女相處，避免產生被「保護系統」質疑的管教與親權行為。

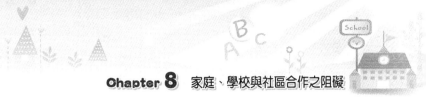

上列所述之「理念模式」是希望透過「強制性親職教育輔導」的處遇過程，以期一方面達到與「非自願性案主」建立「盟友」（alliance）的工作關係，另一方面則是促使「非自願性案主」產生符合社會規範之行為表現，以防制不當親職之行為再生。

第二節　社區資源及支持網絡

機構式幼兒園在經營時有其地緣性，且與其經營策略之方便性（available）、可近性（accessible）、可負擔性（affordable）以及責信（accountable）有關。因此，園所經營必須要瞭解其社區有哪些資源可以幫助園所達到經營之目標，其首要之務即是展開社區資源之調查。

社區資源指的是以協助社區解決其問題、滿足其需求、促進其成長的所有動力因素。社區資源可分為：

一、人力資源

指的是有助於營造者用來協助社區解決其問題或滿足其需求的個人。例如社區內的人士，包括親戚朋友、學校師生、社團幹部、社區領袖人物、藝文人士，或工廠和企業內的負責人和從業人員等，皆是社區營造的重要人力資源。

二、物力資源

指的是有助於營造者用來協助社區解決其問題或滿足其需求的物質。例如活動時所需的工具、器材和物料，或是營造者推動工作所需的設備、房舍、物件等。

三、財力資源

　　指的是有助於營造者用來協助社區解決其問題或滿足其需求的金錢。例如活動時所需的經費，以及營造者工作需要的花費等，一般皆是以金錢作為財力資源的代表。活動經費可以來自政府的補助，也可以是活動的收費，或是熱心人士和團體的捐獻。

四、組織資源

　　指的是有助於營造者用來協助社區解決其問題或滿足其需求的機構和組織，例如各社區內的社團、工商企業團體、藝文團體、基金會等，皆是社區營造最常使用的組織資源；除此之外，一些學校的輔導室或社會上的非營利機構亦常協助社區舉辦活動，這些皆是從事社區營造時，不能忽視的組織資源。

五、文獻古蹟資源

　　指的是有助於營造者用來協助社區解決其問題，或滿足其需求的文獻古蹟資料。例如有助於社區居民瞭解自己祖先遺產或生活變遷的古物、典籍、舊照片、手稿、建築物等，皆是從事社區營造時不能忽視的古蹟資源。

六、自然環境資源

　　指的是有助於營造者用來協助社區解決其問題，或滿足其需求的自然景觀和環境。例如有助於社區居民認同的特殊景觀，及社區居民共同遊憩的特殊場所，這些有助於居民共同保護海灘地形等自然資源，更是從事社區營造時不能忽視的自然環境資源。

　　社區資源之運用及輸送也有其限制，因為它們隸屬於不同行政

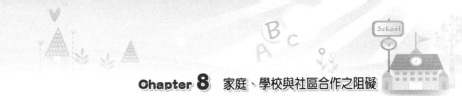

單位,例如教育、社政、文化等。雖然在兒童及少年福利與權益保障法也有明文規定,社政行政機關是承辦兒少福利之專責單位,而有關司法、教育、衛生等相關單位及涉及有關兒童少年福利事務,應全力配合之。但是社政行政單位階過低,各部門承辦相關兒少福利業務,又秉持著本位及專業主義觀點將相關責任推諉,常造成社會事業難有效推行。此外,公私立兒少福利服務機構類型又十分複雜,性質亦有所不同,承接的民間單位又常會推卸較複雜、較費人力經費之業務。因此,讓不同專業的合作需要完善政策與法令來整合服務輸送體系以有效推展社會事務工作。若以機構本身的行政觀點,更需要內部組織的重組和外在任務環境上的調適,則不免有所謂「牽一髮而動全身」的問題和困難(施教裕,1996)。所以相關福利服務之輸送機構為達有效之輸送,必須面對組織董事會之決策支持,組織任務之調整、員額擴編、預算爭取、服務品質之確認與督導,以及外在環境之資源開發、個案轉介和相關機構間之分工,才能確保服務輸送網絡的建立。

參考書目

一、中文部分

王行、鄭玉英（2001）。非自願性案主會談策略之行動研究──以兒保之「施虐者」為例。行政院國科會研究結果報告（NSC-2414-H013-009）。

王行、莫藜藜、李憶微（2003）。台灣各地區兒保工作中實施「強制性親職教育輔導」之執行結果與樣態分析研究。台中：內政部補助中華民國單親互助協會研究。

林家興（1997）。《親職教育原理與實務》。台北：心理出版社。

施教裕（1996）。〈國內兒童及少年福利機構角色與功能轉型之探討──兼談多元化、專精化和社區化之展望〉。《社區發展季刊》，75，57-67。

賴國忠（1998）。〈營造社區與學校雙贏的夥伴關係〉。《北縣教育雙月刊》，24，58-60。

二、英文部分

Galinsky, E. (1986). How do child care and maternal employment affect children? *Child Care Information Exchange, 48*, 19-23.

Katz, L. (1980). Mothering and teaching: Some significant distinctions. In L. Katz (Ed.), *Current Topics in Early Childhood Education (Vol. 3)*. Norwood, NJ: Ablex Publishing Co.

Kumpfer, K. L. (1991). How to get hard-to reach parents involved in parenting programs. In Office for Substance Abuse Prevention (ed.), *Parent Training in Prevention* (pp. 87-95). Washington DC: U. S. Government Printing Office.

Lightfoot, S. L. (1978). *Worlds Apart: Relationships between Families and Schools*. NY: Basic.

Swap, S. M. (1984). *Enhancing Parent Involvement in Schools*. Boston: Center for Parenting Studies, Wheelock College.

Yankelovich, D., & Skelly and White, Inc. (1977). *Raising Children in a Changing Society: The General Mills American Family Report, 1976-77*. Minneapolis: General Mills, Inc.

Chapter 9

幼兒園父母參與
之實例分享

- 父母參與學校之型態
- 父母參與的策略與操作

第一節　父母參與學校之型態

近年來學校被質疑其效能，家長沒時間，又不知如何管教孩子，而孩子的問題，種因於家庭，顯現於學校，惡化於社會。所以，各界要求家庭、學校及社會要共同肩負教養孩子的職責，但因工業化之影響，義務教育的普及，使得學校成為教養孩子的重要職責，但另一方面卻使家庭與社會逐漸增加對學校的依賴。

由於少子化因素，加上經濟能力改善，隨之而來的是家長對孩子教育更加關切，家長不但關心孩子的生活活動及規劃，也關切孩子參加學校的教育與學習，所以，鼓勵家長參與學校活動不但形成共識，也形成一種社會運動。

洪福財（1996）引用Wolfendale（1992）將家長參與親師合作活動的方式分為四期（**圖9-1**）：(1)家長進入校園；(2)學校開始與家庭連結；(3)學校與家庭開始用書面溝通；(4)學校與家庭採取會議的形式進行溝通。

除了方式改變之外，Wolfendale（1989）曾以一百三十個幼教機構

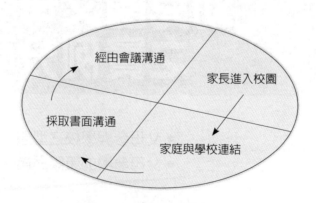

圖9-1　家庭參與的輪狀圖

資料來源：Wolfendale (1992).

進行三年的觀察，將親師合作的參與情形，分為五種不同類型，分述如下：

1. 非參與型：此類型的家長純粹是幼教的消費者，並不親自參與機構的運作，又分為主動的非參與型，例如希望將教養責任托給幼教機構，另一種是被動的非參與型，例如心有餘而力不足的家長。

2. 支持型：此類型的家長給予機構外在的支持，如經費、人力、教材、積極參與來提供幼教機構實際幫助或理念贊同。

3. 參與型：此類型的家長親自參與，扮演協助者的助理角色，或學習者的角色來提供人力的支援。

4. 夥伴型：此類型的家長與機構維持著合作夥伴關係，有共同的目標、理念、共同尊重，以及協商諸如訊息、決策、責任、技巧或績效等。

5. 控制型：此類型的家長決定實行政策，也是活動的負責者，負責績效成敗，並且控制機構運作。

Hornby（2000）以家長的需求及家長的貢獻為兩個分析點，依老師花費在滿足家長需求的時間，以及家長需花費在提供家長貢獻的時間，建立家長參與的雙金字塔模式。在家長專業依時間的花費及貢獻如政策參與、提供資源、親師合作與提供孩子相關訊息；在家長的需求，依老師的專業提供支持、教育、聯絡及相互構通的行動。

第二節　父母參與的策略與操作

　　親職教育或父母參與計畫的成功之鑰就是準備與規劃。兒童托育計畫的觀點與功能是依機構所服務標的人口的需要、經費、可運用的人員、基本哲學及目標而定。每個機構或托育中心都有其理念，提供

不同方式來關心家庭及孩子，提供最好的服務。接下來呈現美國在父母參與的成功實例。

【實例一】Charlotte Open School

Charlotte開放學校位於Charlotte的教堂大樓，專為學齡前幼兒提供豐富、有創造性的課程。開放學校鼓勵不同種族、宗教、經濟階層的家庭來入園，提供0～2歲的父母合作課程，3～5歲孩子的幼教課程。開放學校最重要的理念是與父母一起合作。

老師透過研習會、討論團體及親師合作以教育家長有關兒童發展，提供圖書館給家長相關兒童發展書籍，提供父母支持系統以建立老師和家長之關係。

開放學校提供舒適、自在的氛圍，家長可隨時在教室與老師閒談，此外，老師常掌握家長接送時的非正式時機與家長輕鬆溝通；給予家長們老師的電話，並鼓勵家長隨時與老師聯絡。學校也會寄送簡訊，提供家長們孩子在學校的軼事趣聞，一起分享孩子的歡樂與學習。

提供家長pot luck聚會，餐食可由孩子或家長準備，一起來分享其興趣及參加野外郊遊。

父母教育會議每年舉辦兩次，春秋兩季的家長會，鼓勵父親參與，持續地討論基礎理念以及實際的執行。此外，家長被鼓勵參與學校志工來營造孩童的遊戲空間，最重要的是Charlotte開放學校是應用各種方法與家長成為夥伴關係，來幫助家長教養孩子，分享孩子的成長。

【實例二】德州的Fair Meadow

Fair Meadow幼兒園位於德州聖安東尼郡，發展出一間滿足有特殊

需求的孩子的幼兒園，提供家長支持。此外，德州政府資助學前計畫給低收入背景及移民家庭的收托。

Fair Meadow的父母參與計畫的目標有二：(1)幫助家長瞭解他們孩子的發展需求；(2)讓學校成為家長和孩子覺得自在的地方。

首先，家長必須親自帶著孩子來登記註冊，並與老師會面。之後，老師利用非正式的家庭訪視，並儘量用家庭的母語，以鼓勵家長使用英文來溝通。家訪的目的有二：(1)瞭解家庭和特殊的文化以及孩子的興趣，並完成家庭訪視記錄；(2)觀察家庭環境以及家長與孩子的互動情況（**圖9-2**）。

家庭訪視記錄

老師姓名＿＿＿＿＿＿＿＿＿＿＿＿＿＿＿
孩子姓名＿＿＿＿＿＿＿＿＿＿＿＿＿時間＿＿＿＿＿＿＿日期＿＿＿＿＿＿
在場的家庭成員：
孩子的文化屬性：
孩子對老師的態度：
孩子的家庭環境：
父母或家庭成員的相關資訊：
家庭成員的態度：
被詢問的問題：
孩子的興趣：
評論：

圖9-2　家庭訪視記錄表

資料來源：Fair Meadow Preschool.

Fair Meadow學校的老師發現很多父母對孩子的期待並不符合兒童發展理念，老師鼓勵運用非正式場合與家長溝通，試圖建立家長與老師對孩子的教養有一致的信念。除了家庭訪視、電話溝通，並安排一年兩次的親師會議，可在學校或家庭進行，每個星期讓孩子把學校作

品帶回去與家長分享，並讓家長寫下評論帶回學校，以充分掌握溝通話題。

「父母俱樂部」（Preschool Parents Club）更是親師合作最成功的展現，學校教職員利用類似家長會的協會方式，由家長選舉出理監事，來執行家長（會員）的問題，例如瞭解家長無法參與親師合作的理由，儘量協調、利用資源來解決家長的困難，以促進親師合作的機會。由於老師及學校職員願意有彈性地適應家長的想法及情況，可幫助Fair Meadow支持家長對學校活動參與的第一步。

【實例三】參議院員工附屬托兒所

位於首都Washington DC的國會大廈，一所非營利的兒童發展機構，也是一所具高品質的托兒所，更是利用規令要求父親參與兒童托育計畫（有60位幼兒，一星期少於五天的托育時間，通常排隊等待入圍就讀至少需時兩年）。每年夏天有為期十週的夏令營（summer camp）課程。

家長被安排的親子旅遊及家庭研習會，以幫助未入園的小孩及家長瞭解機構，家長手冊提供詳盡的「兒童托育協議」。此外，每位家長要提供每月三小時的志願服務承諾，每位志工家長必須參與每年有三次的週末大掃除，以讓中心的教職員可以專心課程的品質並降低花費。

在家長工作地點提供兒童托育的確可降低家長焦慮，增加參與機會及提供有建設性的建議。員工附屬中心提供各種管道與家長溝通，例如：打電話、信箱留言、公布欄、不正式的見面以及一年兩次的正式會議，來分享孩子的學習結果，當然，家長也被邀請到中心作課室行為觀察。此種親師合作可幫助縮小彼此差異，相互信賴，並對服務機構及社區產生連結。

【實例四】麻州的Thorndike Street學校

位於麻州康橋的Thorndike Street學校（簡稱TSS），提供1～3歲學步兒童及3～5歲學齡前幼兒的高品質日托中心。中心的理念和功能是促成家長對社區連結，促使親師合作。

TSS課程強調種族、經濟和文化的多樣性，不容許有任何歧視。三分之二的幼兒是由DSS基金會所贊助的低收入家庭，另外三分之一的中上家庭則要付費，以合乎社會正義的福利理念。教職員有一半以上是有色人種。

教職員組織成為機構的共同組織，依組織的討論決定入園登記、僱人和課程決策。組織結構沒有階級制度，每個人皆平等被鼓勵表達意見。

TSS的家長每年要輪兩次的週末大掃除，並邀請家長來園所分享價值、觀念，參與親職聚餐及加入組織委員會。溝通是TSS達到目標的關鍵，運用多元文化的節目活動來介紹自己的文化及參與學校活動。

老師尊重父母的多元文化價值與生活，同時也尊重家長與孩子的尊嚴，透過溝通，瞭解家長的想法與策略，再提供支持家長的方法。家長志工可以協助製作簡訊、為園所設備募款、制訂家長手冊及整理園所環境，更能節省園所開銷。同時家長也是教室資源，可提供音樂、食物、服務等多元文化的課程。TSS的親師合作是家長與教師向社會承諾願意支持孩子和大人成長的實例。

上述美國四所親師合作的實例說明親師合作或鼓勵不只一種方法，可以透過夥伴關係、志工組織、共同決策及彈性溝通管道來支持及尊重家長。當老師和家長親密合作，家長和老師能產生與孩子相處的最大效益。

上述的親師合作是當家長和老師視為夥伴關係，視老師為教育

專家，家長為瞭解孩子的專家。親師間緊密的夥伴關係（可透過各種多元管道）共享專業與控制權，以提供孩子最佳成長與發展的教育環境。夥伴之間相互尊重，消除彼此的差異及溝通阻礙，讓每一個人皆可以自由表達心聲，透過會議制定合作原則以增加對機構及社區的認同。夥伴關係的建立有四個重要因素：雙向溝通、相互支持、共享決策以及增強孩子在學校與家庭的學習（洪福財，2005）。

 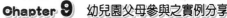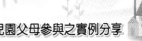

參考書目

一、中文部分

洪福財（1996）。〈如何強化學校家長會的功能〉。《教育資料文摘》，
216，148-174。

洪福財（2005）。〈親職教育與家長參與〉。輯於蔡春美、翁麗芳、洪福
財等著，《親子關係與親職教育》（第二版）。台北：心理。

二、英文部分

Hornby, G. (2000). *Improving Parental Involvement*. NY: Cassell Educational
Limited.

Wolfendale, S. (1989). *Parental Involvement: Developing Networks between
School, Home and Community*. NY: Cassell Educational Limited.

Wolfendale, S. (1992). *Empowering Parents and Teachers: Working for Children*.
NY: Cassell Educational Limited.

幼教叢書 34

親職教育實務——家庭、學校與社區關係

作　　者／郭靜晃
出　版　者／揚智文化事業股份有限公司
發　行　人／葉忠賢
總　編　輯／閻富萍
特約執編／鄭美珠
地　　址／新北市深坑區北深路三段 260 號 8 樓
電　　話／(02)8662-6826
傳　　真／(02)2664-7633
網　　址／http://www.ycrc.com.tw
　E-mail／service@ycrc.com.tw
印　　刷／鼎易彩色印刷股份有限公司
ISBN／978-986-298-209-9
初版一刷／2015 年 11 月
定　　價／新台幣 300 元

＊本書如有缺頁、破損、裝訂錯誤，請寄回更換

國家圖書館出版品預行編目（CIP）資料

親職教育實務：家庭、學校與社區關係 / 郭
靜晃著. -- 初版. -- 新北市 : 揚智文化,
2015.11
　　面 ；　公分. -- (幼教叢書 ; 34)

ISBN 978-986-298-209-9(平裝)

1.親職教育　2.學校與家庭

528.2　　　　　　　　　　　　104023029